AI 시대,

내 아이를 위한 수학 티칭

MATHEMATICS

멘사 선생님의 미래 인재 기르기 프로젝트

AI 시대, 내 아이를 위한 수학 티칭

초판 1 쇄 인쇄 2019년 12월 16일
초판 1 쇄 발행 2019년 12월 23일

지은이 황정인, 이은정

발행인 백유미 조영석
발행처 (주)라온아시아
주소 서울특별시 서초구 효령로 34길 4, 프린스효령빌딩 5F

등록 2016년 7월 5일 제 2016-000141호
전화 070-7600-8230 **팩스** 070-4754-2473

값 13,800**원**
ISBN 979-11-90233-38-5 (03370)

멘사 선생님의 미래 인재 기르기 프로젝트

AI 시대, 내 아이를 위한 수학 티칭

MATHEMATICS

황정인
이은정
지음

RAON BOOK

프롤로그

정수야! 이 책은 말이야~ 너처럼 수학으로 세상을 이해하며 톡톡 튀는 질문으로 AI 시대를 이끌어가기를 원하는 아이들을 둔 부모님을 위해 썼단다. 또한 인공지능과 함께 새로운 시대를 살아가야 하는 우리 아이들을 위해 쓴 책이기도 하단다.

원장님은 말이야, 세상은 이미 급격하게 바뀌어가는데 우리 부모님들은 아직도 아이들이 의사, 변호사, 공무원을 위한 시험에만 매달리게 하는 것이 안타까웠단다. 특히 너처럼 남다른 시선을 가지고 세상에 대해 호기심 가득한 질문을 하다가도 사춘기가 되면서 부모님들의 온갖 애간장을 다 태우게 하는 그런 자식을 둔 부모님들을 지켜보면서 속상할 때도 많았단다. 그래서 그런 부모님들과 아이들을 위해 내가 해드릴 수 있는 일이 무엇인지 고심한 끝에 조금이라도 도움이 되었으면 하는 마음에 쓴 책이란다.

지금으로부터 약 9년 전, 네가 중학교 2학년 말 때쯤 엄마 손에 이끌려왔지. 마치 잡혀온 포로처럼 의욕을 상실한 표정으로, 그러나 반항기만은 가득 넘쳤던 너의 첫 모습이 아직도 생각나는구나.

"어릴 때는 한번 본 책은 줄줄 다 외워서 모두들 천재라는 얘길 많이 듣고 자랐어요. 온갖 책들을 다 보고 난 뒤에는 마치 찍어놓은 필름처럼 얘기해서, 정말 공부를 잘할 줄 알았어요. 초등학교 때는 그나마 공부를 잘했답니다. 그런데 점점 떨어져서 지금은 딱 70~80점 점수대로 맞춰놓는 거예요. 이제는 얘가 대학이나 갈 수 있을지 모르겠어요. 애랑 싸우다 지쳤어요, 선생님."

눈물 지으며 이렇게 하소연하시는 어머니와는 달리 넌 그냥 고개를 옆으로 돌린 채 가만히 있는 모습이었단다.

"정수야! 넌 어떤 것을 할 때 행복하니?"

"딱히 없어요. 만화방에서 만화 보며 뒹굴거리는 것이 제일 좋아요."

"와우~ 그래. 나도 만화 보는 거 좋아했단다. 주로 어떤 만화를 보니?"

"그냥 아무거나 봐요."

넌 굳이 얘기하고 싶지 않다는 말투로 눈도 마주치지 않고 짧게 얘기하더구나.

"정수야! 너는 이다음 뭐가 되고 싶니?"

"글쎄요, 별로 하고 싶은 게 없어요."

'어떻게 하면 이 아이를 살려낼 수 있을까?' 하며 고민하면서 공간도형을 쉽게 배울 수 있는 11개의 도형 모양을 가진 루미스라는 교구를 들이밀었지.

"정수야! 이 도형들로 3×3 큐브 모양을 한번 만들어볼래?"

"네"라고 자신 있게 말한 너는 교구를 꺼내 이리저리 살펴보더니 금방 3×3 큐브 모양을 금방 만들어 보이더구나.

"와우~ 잘하는데! 그럼 이제는 나랑 루미스 보드게임 한번 겨뤄볼까? 네가 날 이기면 내가 용돈 1만 원을 주고, 네가 나한테 지면 몇 가지 테스트를 할 텐데, 해볼 거야?"

"진짜로 제가 이기면 용돈을 주나요?"

"그럼! 당근이지!"

수학 테스트지나 검사지를 먼저 들이대기 전, 너랑 함께 게임을 하면서 닫혀 있었던 너의 마음을 열어갈 수 있었단다. 날 이기기 위해 안간힘을 쓰는 너의 모습이 많이 기특했단다. 그러면서 다른 검사도 함께 할 수 있게 되었지.

상담 후, 너는 다루기 힘들 뿐만 아니라 자기주장이 강한 아이인 걸 알게 되었어. 너는 기존 전통의 룰에 이의를 제기하기도 하고, 납득이 가야 겨우 순종하며 따른다는 걸 알게 된 거지. 너 같은 아이에 대한 특별한 교육이나 경험이 많지 않다 보니 부모님이나 자녀인 너나 양쪽 다 힘들었던 게지. 특히, 사춘기가 되면서 자아가 형성될 무렵이면, 더 다루기 힘든 상황이 되니 당연 자식 교육 문제가 집안싸움이 되어버리기 일쑤였고 말이야.

정수야! 이 책은 말이야~ 너와 같은 아이들이 살아갈 미래를 생각하며 실제로 훈련시켰던 실제 사례들을 중심으로 썼단다. 미래의 멋진 인재로, 큰 리더로 자랐으면 하는 마음으로 이런저런 방법을 적용했던 이야기들을 담은 책이지. 부끄러운 내용이 너무 많지만, 그런 아이들에게 조금이나마 도움이 되기를 바라며 말이야.

너도 알다시피 지금 대한민국에는 IT로 무장한, 4차 산업의 인재에 딱 들어맞는 아이들이 정말 많단다. 한 손으로는 스마트폰을 붙잡고 한쪽 귀로는 음악을 들으며 또 오른발은 장단을 맞추면서 수업을 듣는 등의 멀티형 아이들 말이야.

물론 멀티형 IT 인재들이 곳곳에서 필요하지만 4차 혁명의 AI 시대엔 말이야, 너처럼 다르게 생각하며 기존의 틀을 깰 수도 있고 새로운 것에 도전할 수 있는 저력을 가진 똘끼 충만한 아이들이 더 살판난 세상이란다.

이런 똘끼 충만한 너 같은 아이들에게 획기적인 교육 시스템의 변화와 미래 핵심 역량인 감성 그리고 인성 교육을 강화하게 된다면 너희들이야말로 바로 세계 곳곳을 누비는 성공한 멋진 리더가 될 것을 원장님은 확신한단다.

우리 멋진 정수야!

지금 당장의 너의 환경과 주변을 보며 암담해하지 않기를 바라고 네 안에 많은 것들이 잠재해 있다는 것을 잊지 않기를 바란단다. 누구보다 큰 꿈을 그리며 이 대한민국의 미래와 세계를 빛낼 인물로 자라나길 기대한단다. 더불어 너와 꼭 닮은 똘끼 충만한 많은 수많은 대한민국의 아이들에게, 그들 미래의 꿈들에 대해 힘찬 응원의 박수를 보내고 싶구나.

언제나 너를 지지하며 사랑하는 황씨부가

차 례

프롤로그 _4

1부 수학 공부, 왜 해야 할까요?

1장 4차 산업의 핵심은 수학!

4차 산업은 수학이 선도한다 _17
수학은 창업의 어머니다 _24
산업수학이란? _29
문제는 데이터다 _35
인공지능 시대 _41
인재는 수학적 사고력으로 결정된다 _46
실리콘밸리의 대한민국 인재들 _51

2장 대한민국의 수학 교육 현장

책 한 권도 못 푸는 아이들 _59
답만 맞으면 될까? _65
마음을 여는 수학 게임 _72
질문을 통해 배우다 _77
충분한 시간 주기 _82

3장 수학 교실에서 성장한 아이들

다른 사람을 빛나게 해주는 이정민 _91
'똘끼' 충만한 지존의 대표, 박성주 _96
수학적 감각으로 디자인하는 임정필 _108
논리적 언어의 주인공, 이주신 _113
말하는 버스 정류장을 만든 이승정 _120
인도네시아의 백종원, 전병준 _126

2부 이렇게 하면 수학이 즐거워진다!

1장 수학으로 교실을 흔들자

깍두기와 형님들 _137

보드게임으로 만나는 수학 _142

윈–윈 게임, 이겨도 겸손! 져도 쿨하게! _149

수학 스마트 캠프로 배우는 팀플레이 _154

'Only'보다 'As well' _160

베스트 프렌드 만들기 작전 _166

2장 게임으로 배우는 수학

공간도형의 게임, 루미스 _179

수의 조합, 피퍼 _184

행렬 게임, 공간사목 _190

회전 오목, 펜타고 _194

전략적 사고 게임, 멘사 커넥션 _201

최단거리 게임, 트래버스 _206

3장 아빠랑 함께하는 수학

아빠! 수학을 잘해서 멘사에 도전할래요 _215

실패 연습하기 _220

체험 수학, 슈필마테 _227

의사보다 창업 _232

YES, NO 알고리즘 _237

에필로그 _241

1부

수학 공부, 왜 해야 할까요?

1장

4차 산업의 핵심은 수학!

⊕⊖⊗⊘

4차 산업은 수학이 선도한다

1946년 미국 펜실베이니아 대학교의 존 에커트와 존 모클리에 의해 처음 개발된 현대 디지털 컴퓨터의 발전과 응용은 20세기의 삶을 획기적으로 변화시켰다. 이후 스티브 잡스가 개인용 컴퓨터를 대중화하고 2007년 애플사가 아이팟, 휴대전화, 모바일 인터넷이라는 세 가지 주요 기능을 합친 스마트폰을 출시하면서 우리들의 삶은 이전과는 비교할 수 없을 만큼 파격적인 변화를 맞이하게 되었으며, 이 같은 변화는 예측을 불허할 정도의 빠른 속도로 진화하는 중이다.

대한민국의 신지식인 최재봉 교수는 이런 현상 아래에 놓인 인류를 '포노 사피엔스', 즉 스마트폰이 낳은 신인류라고 부른다.

인류는 이제 모두 '모바일 First 시대'에서 'AI(Artificial Intelligence) First의 시대'로 성큼 들어와 있다. 자동차, 냉장고, 세탁기, 시계 등 모든 사물이 인터넷에 연결되고, 인공지능은 스스로 학습하는 단계까지 발전했다. 4차 산업혁명은 세계경제포럼의 정의대로 "디지털 혁명에 기반하여 물리적 공간, 디지털적 공간 및 생물학적 공간의 경계가 희석되는 기술융합의 시대"를 열어젖히고 있는 것이다.

핵심 키워드는 수학

전 세계는 이 새로운 시대에 걸맞은 인재를 양성하기 위해 국가와 기업이 힘을 합쳐 교육에 다각적인 변화를 꾀하고 있다. 대표적인 예가 독일 총리의 주도 아래 진행 중인 '인더스트리 4.0'일 것이다. 독일 정부는 2011년부터 전통 산업에 IT 시스템을 결합하여 4차 산업혁명의 변화에 발 빠르게 대응해나가고 있다.

4차 산업에 대해 전 세계 국가가 이렇게 발 빠르게 반응하는 이유는 누가 먼저 시대의 변화를 감지하고 이에 적절히 대처하여 시장을 선점하느냐에 따라 국가의 승패뿐 아니라 기업과 개인의 성패 역시 좌우한다고 믿기 때문이다.

4차 산업 기술의 핵심 키워드는 인공지능, 사물 인터넷, 빅데이터, 자율주행, VR, 3D프린터, 드론 등으로 대표되는데, 이 핵심 키워드의 밑바탕을 이루려면 IT 활용 능력과 수학적인 사고 능력이 필수다. 김정호 카이스트(KAIST) 전기 및 전자공학과 교수는 "AI 시대, 수학 실력이 최고의 경쟁력이다"라고 말한 바 있다. 수학을 모르고는 4차 산업의 주인공으로 살아가기에 매우 어려운 시대가 되었음을 강조한 것이다.

> 4차 산업을 주도하고 더 나아가 그 한계마저 초월해 앞서 나아가기 위해서는 절대로 빼놓을 수 없는 과학이 세 가지가 있다. 그것은 바로 첫째도 수학이고 둘째도 수학이며 셋째도 수학이다!
>
> — 일본 경제산업성과 문부과학성 공동 보고서, 《수리자본주의의 시대》, 2쪽

위는 2019년 3월 일본 경제산업성과 문부과학성이 공동으로 펴낸 보고서의 일부다. 이렇게 곳곳에서 수학의 중요성이 강조되는데, 정작 우리 교육 현장에서는 수학이 큰 인기를 끌지 못하고 있는 게 현실이다.

"수학은 배워서 뭘 해요?"

"수학은 배워서 뭘 해요?", "수학 문제만 보면 머리가 아파요", "저는 딱 문과 체질이에요", "수학 말고 다른 거 잘해서 대학 갈래요", "제가 어릴 때는 수학을 잘했어요. 그러나 지금은 수포자(수학 포기자)예요" 등 아이들과 수업을 하면 늘 듣는 말이 '수학은 싫거나 별로다'라는 말이다.

아이들의 이런 고백은 그간 수학을 '문제 풀이'로만 해왔던 우리나라 수학 교육의 문제점을 고스란히 보여준다. 수학적 사고력을 길러주는 데 주력한 교육이 아니라 수학 문제집을 잔뜩 사서 순서대로 풀고, 시험만 잘 보면 수학 공부를 완성했다고 믿는 문제점 말이다.

사물을 수학적인 사고로 바라보는 즐거움이라든지 한 문제를 붙들고 몇 시간, 때로는 몇날 며칠을 고민하면서 끝까지 해결해서 풀어낸 과정을 아이들에게 전달하지 못한 문제점 또한 고스란히 보여준다.

수학은 답을 도출하는 것도 중요하지만 과정 과정을 해결해나갈 때 능력이 쌓이고 실력이 느는 학문이다. 그래야 비로소 '문제 해결 능력'도 길러진다.

수학 잘하는 재단사

용희 아저씨는 재단사이면서 봉제 사업을 한다. 우리나라에서 꽤 유명한 중견 운동복을 생산하는 일을 한다. 용희 아저씨는 본사에서 보낸 원단을 가지고 최적의 재단을 해서 주문받은 납품 개수를 거뜬히 만든 뒤 남은 자투리 천으로 여벌의 운동복을 만들어서 복지관이나 어려운 분들께 기증하곤 한다.

어느 날 내가 용희 아저씨에게 말했다.

"수학을 참 잘하세요. 자투리 천으로 이렇게 많이 여벌의 옷을 만드시는 걸 보니요."

그러나 용희 아저씨는 손사래를 치며 "아뇨, 저는 수학의 수(數)자도 몰라요"라며 말씀하셨다.

"최소의 천으로 최대의 운동복을 재단하시는 것이야말로 수학을 최대한 활용하고 계시는 겁니다. 게다가 어려운 분들을 돕고 계시니 참 멋진 분이세요."

내가 이렇게 말씀드렸더니 용희 아저씨는 쑥스러워 어찌 할 바를 몰라 하셨다. 학교 다닐 때 수학을 제일 싫어했다면서 말이다. 이분은 자신의 직업에서 일을 잘하려고 애쓰다 보니 수학은 잘 못했어도 이렇게 재단을 하면서 수학적 사고로 일을 하고 있다고 말했다.

수학 잘한다는 의미

곳곳에서 일을 능숙히 잘하는 전문가들을 만나보면, 대체로 수학적 사고 능력으로 일을 매우 효율적으로 하고 있는 것을 볼 수 있다. 생계를 위해 수학적인 사고 능력을 삶의 현장에서 매우 훌륭히 적용하고 있는 것이다.

그런데 대부분의 사람들은 스스로의 능력을 평가하는 데 매우 박하다. "저는 수학은 잘 못해요"라고 말하는 이들이 대부분이다. 이들이 이렇게 말하는 것은 '수학을 잘한다'는 의미를 학교 다닐 때 받았던 수학 성적으로 판단하기 때문이다.

채소 가게 아저씨가 다발로 묶어놓은 열무 묶음에도 수학이 적용되어 있고, 운전기사님들이 최소 연비를 위해 적정 속도를 계산하는 데에도 수학이 적용되며, 카페 사장님이 커피와 브런치 메뉴 가격을 정하는 데에도 원료와 매장 임대료, 인건비를 포함한 수학적 계산이 들어간다. 우리가 생활하고 마주치는 모든 곳에서 수학적인 사고와 계산은 필수인 셈이다.

생활 속의 수학 천재들

일터에서 수학적 사고를 실천하는 사람들의 또 다른 특징은 일을 매우 '잘' 한다는 것이다. 이들은 습관대로 일을 하는 것이 아니라 일의 알고리즘을 알고 수행한다. 마치 수학 문제를 순서대로 풀어나가듯이 말이다. 다시 말해, 수학적 사고 능력이 있는 사람들은 일을 엉키게 하지 않을뿐더러 동시에 많은 일들을 완결해나가는 능력이 있다.

우리나라가 부딪친 수학 교육의 어려움은, 어쩌면 '빨리빨리' 문화에 그 원인이 있는지도 모른다. 논리의 영역인 수학에 접근할 때에도 '빨리빨리' 문화가 적용되어 시간 내에 풀어내고 결과만 중시하는 쪽으로 간 것이 아닌가 싶다. 그렇기에 곳곳에서 수학! 하면 고개를 절레절레 흔들며 어려워하는 것이 아닐까? 만약 교육과정에서 충분히 고민할 시간을 주고 해답을 구할 때까지 여유 있게 기다려준다면, 수학의 단계마다 하나씩 과제를 해결해나가는 기쁨을 충분히 느낄 수 있을지도 모른다.

수학적 사고 능력은 정해진 답이 없는 미래 사회에서 문제 해결 능력을 키워줄 수 있는 필수 덕목이다. 특히 4차 산업 혁명 시대를 살아가야 하는 우리 아이들에게는 더더욱 필요한 능력이다. 교육 현장의 교육 혁신이 매우 절실하고 시급한 이유가 여기에 있다.

수학은 창업의 어머니다

'창조경제'라는 말은 누구나 한 번쯤 들어보았을 것이다. 창조경제란 창의성과 상상력이 사회적 부를 창출하는 핵심이 되는 경제구조를 의미한다. 네트워크화된 집단지성과 집단 창의성이 인간 창의력과 함께 사회적 부를 창출하고 국가 경쟁력의 핵심이 되는, 혁신적 사고로부터 새로운 비즈니스를 창출하는 복합 경제를 말한다.

창조경제는 이제 커다란 시대적 흐름이 되었으며 기술과 도구가 급속히 발전함에 따라 창조경제의 핵심인 아이디어 또한 대중화·세계화되고 있다.

그렇기에 아이디어의 상업화에 도전하는 기업이나 개인들이 반드시 가지고 가야 할 정신이 있다. '기업가정신' 바로 그것이다.

1인 크리에이터의 탄생

기업가정신 또는 창업가 정신이란 외부환경의 변화에 민감하게 대응하면서 항상 기회를 추구하고, 그 기회를 잡기 위해 혁신적인 사고와 행동을 하며 그로 인해 시장에 새로운 가치를 창조하고자 하는 생각과 의지를 말한다.

이러한 창조경제의 좋은 사례로는 1인 창조기업이라 할 수 있는 인터넷 크리에이터(Creator)들을 위한 비즈니스 조직인 MCN(Multi Channel Network), 즉 다중채널네트워크를 꼽을 수 있다. 이들은 유튜브를 기반으로 하는 1인 제작자들의 콘텐츠 유통과 저작권을 관리하고 광고 유치 등을 지원하여 수익을 나눈다. 유튜브가 인기가 높아지고 수익을 내는 채널이 많이 생기면서 이들을 묶어 관리해주는 역할을 하는 것이다. 한마디로, 인터넷 콘텐츠 창작자들의 매니저 역할과 함께 외주 제작사나 주문형 방송사 역할을 수행한다고 보면 된다.

창조경제는 이러한 1인 크리에이터와 같은 창의적 인재들이 아이디어의 상업화를 도전함으로써 발전되고 있다. 이들은 혁신적인 창업을 통해 수익을 내는데, 이때 기업가정신이 핵심 원동력이 된다. 즉, 기업가정신이 창조경제의 핵심 동력이 되는 것이다.

현재 한국인 유튜브 채널 중 구독자 100만 명 이상을 보유한 채

널은 129개에 달하며 인기 유튜버들은 연간 수억 원을 벌어들이고 있다.

창조적으로 파괴하여 이윤을 창조하다

그렇다면 창업가란 무엇일까? 창업가란 혁신적 기업가로, 자원의 제약이 있음에도 위험을 무릅쓰고 새로운 사업 기회를 포착하여 사업화하는 사람이다. 창업가는 '창조적 파괴'의 중심적인 역할을 수행한다. 여기서 '창조적 파괴'란 새로운 일을 창조하거나 어떤 것을 새로운 방법으로 창조함으로써 생산과 시장의 흐름을 바꾸는 역할을 하면서 동시에 자신의 이윤을 창조하는 것이다.

당연한 말이지만, 창업자가 갖추어야 할 요소 중에는 기업가정신이 있다. 그중에서도 기존의 보유 자원이나 틀에 구속받지 않고 새로운 기회를 포착하려는 기회 추구의 습성이 필요할 것이다. 또한 기회를 추구하는 과정에서 필연적으로 따라오는 자원의 제약을 창의적이고 혁신적인 방법으로 극복하려는 속성도 중요하다.

그렇다면 창업가가 제품 개발 이전에 해야 할 것은 무엇일까? 바로 풀고자 하는 문제를 명확하게 정의하고 그것을 해결하는 자신만의 알고리즘을 가지는 것이다. 즉, 새로운 미션이 주어졌을 때 그것을 해결하기 위한 자신만의 방법을 가지고 있어야 하는 것이다.

많은 스타트업들이 문제 해결 능력은 잘 갖추었지만 이 '문제 정의'를 잘하지 못하고 그 방법을 찾아가지 못해 실패하는 경우가 많다. 풀고자 하는 문제를 잘 설명해야 직원들이 제대로 된 해결책을 찾을 수 있고 고객이 구매 결정을 쉽게 내릴 수 있다. 마치 수학 문제처럼 고객이 가진 문제를 정의하고 그 방법을 찾아가는 알고리즘이 창업에서 매우 중요한 출발점이 된다.

기업인이 된 수학자들

창업가들의 성장과 발전에는 수학이 항상 기여하고 있다. 수학은 산업 현장은 물론 실생활에서도 다양하게 적용되고 많은 도움을 주고 있다. 스타트업 기업들은 회사를 운영하면서 수학이 필요한 다양한 문제에 직면한다. 선진국들은 일찌감치 산업수학의 중요성을 알고 활용해왔지만, 우리나라의 경우 조금 뒤처지는 것이 사실이다. 그러나 최근 우리나라 또한 산업수학혁신센터를 개설하고 스타트업을 대상으로 현장 문제 발굴과 컨설팅을 지원하고 있다.

실제로 창업가들 중에도 수학 전공자가 많은데, 세 번 창업해 수천억을 번 '연쇄창업가' 소니 부, 구글 CEO인 세르게이 브린 그리고 스탠퍼드대학교 학과장인 군나르 칼손 등을 대표적으로 손꼽을 수 있다.

구글을 만든 브린은 응용수학을 전공하였고 알고리즘을 이용해 정교한 검색엔진을 개발했다. 브린이 정보를 입력하고 처리하는 일련의 절차를 수식으로 만들면 공동 창업자인 래리 페이지가

이들을 하나하나 컴퓨터 프로그램으로 변환했다. 검색어가 들어간 자료 가운데 다른 자료에서 링크를 얼마나 했는지 수학 연산 조건으로 일일이 따진 다음 이를 데이터베이스로 만들어 사용자가 원하는 최적의 결과를 제공할 수 있었다.

칼손 박사의 경우 세계적인 순수 수학자이지만 2008년 빅데이터 분석 기업 '아야스디(Ayasdi)'를 창업해 주목을 받았다. 또한 수학 전공자인 이정우 대표는 부동산 세금 계산기 '셀리몬'을 기술적으로 실현해내 주목을 받고 있다.

애플의 창업자 스티브 잡스가 창조 경영의 아이콘이 될 수 있었던 계기는 자회사 '픽사'가 제작한 〈토이 스토리〉의 역할이 컸다. 그는 〈토이 스토리〉를 만드는 데 수학자들을 대거 고용했고 치밀한 수학 공식을 적용해 영화를 만들었다. 기존의 애니메이션 제작 방식 대신 기하학과 미분을 이용해 선이 끊어지지 않고 선명한 그림을 구현하는 데 성공했다. 이들 사례는 수학의 영역이 얼마나 확장될 수 있는지를 생생히 보여준다.

산업수학이란?

수학을 배우는 많은 사람들은 도대체 이 수학이 실생활에 쓰이기는 하는지 늘 의문을 가진다. 그러나 인공지능으로 인해 자동화와 연결성이 극대화된 4차 산업이 대두되고 있는 요즘, 우리는 산업의 모든 곳에서 수학을 찾을 수 있다. 이를 '산업수학'이라고 하는데 이는 "수학적 이론과 분석 방법을 활용하여 세상의 문제를 해결하거나 산업의 부가가치를 창출하는 활동"으로 정의된다.

산업수학은 산업 현장에서 발생하는 문제 해결, 경영상의 의사결정, 자연현상 및 인간 활동 예측, 신상품 개발 등 다양한 분야에 활용된다. 기업의 다양한 난제를 해결하는 데에도 쓰이고 있으며 우리가 흔히 쓰는 검색엔진도 산업수학을 활용한 것이다. 이처럼 산업수학은 우리에게 다소 생소할 수 있지만, 실생활과 밀접하게 관련되어 있으며 다양한 분야에서 활용되고 있다.

손흥민 선수의 부상을 없애다

현대인의 라이프스타일에서 주요한 한 축을 이루는 요소는 '액티브 에이징(Active Aging)'이다. '건강하게 나이 드는 법'으로 요약되는 이 말은 100세 시대가 현실화되면서 물리적인 수명보다는 삶의 질을 중시하는 세태와 맞물려 스포츠 산업의 비약적인 발전을 가져왔다.

1인 가구와 욜로(Yolo)족의 증가 또한 스포츠 산업의 발전에 힘을 보탰다. 건강한 노후와 적극적인 사회 참여를 바탕으로 삶의 질을 강화하고픈 욕구가 늘어남에 따라 같이 발달한 것이 스포츠이며 이 욕망을 소비하기 위해 탄생한 것이 스포츠 산업이기 때문이다. 어쩌면 스포츠의 본질과 기술과의 만남은 당연한 결과라 할 수 있으며 스포츠는 현재도 미래에도 천문학적인 돈을 모으며 투자를 통한 발전 가능성이 무궁무진한 산업이라 생각한다.

스포츠에서 산업수학 기술의 핵심은 오심과 깊은 관련을 맺는다. 심판의 오심은 늘 논란의 중심이 되는데, 이런 논란을 줄이기 위해 테니스부터 시작해서 축구, 야구 등 많은 인기 있는 스포츠들에 산업수학이 적용되고 있다.

테니스에 적용된 기술은 '호크아이'라는 시스템으로, 이것의 도입 이후 더 이상의 아웃, 인 논란은 사라졌다. '호크아이'는 아웃·인 판정뿐만 아니라 공의 속도, 궤적 등도 실시간으로 분석해낸다.

토트넘의 인기 스타 손흥민 선수는 프리미어리그에서도 손꼽히는 공격수로 전 세계에 이름을 떨치고 있는데, 그가 세계적으로 유명하고 빠른 공격수로 성장하는 데는 스포츠팀의 과학적 프로그램이 큰 도움이 되었다. 이 프로그램은 손흥민 선수가 매 경기 100%의 컨디션으로 경기를 뛰게 할 뿐 아니라 부상의 위험을 줄이도록 훈련시킨다. 또 매일 아침 훈련을 시작하기 전에 숙면도를 체크하며 경기에서 뛴 거리와 심박수 등을 웨어러블 기기로 체크하여 한 경기당 50만 건 이상의 데이터를 수집해 분석한다.

이렇게 수집된 데이터를 기반으로 과학팀은 손 선수의 부상 위험을 40%까지 줄일 뿐 아니라 매 경기에서 폭발력을 극대화할 수 있도록 돕는다.

아이언맨의 무기를 만들다

〈아이언맨〉, 〈어벤져스〉 등 사람들이 좋아하고 열광하는 영화의 스펙터클한 장면들이 어떻게 만들어지는지 생각해본 적이 있는가? 이들 장면은 수학적 모델링과 알고리즘을 통해서 만들어나간다. 실제 일어나는 물리적인 현상을 그대로 영화 속에 표현하는 시뮬레이션을 위한 수학적 모형 개발 과정에 대한 해답을 얻기 위해서 컴퓨터로 작업하는 것이다.

아이언맨이 슈트를 입고 날아다니면서 플라즈마 발사기로 적에게 충격파를 날리는 장면들이 생생하게 전달되는 것은 3D 컴퓨터 그래픽에 유체의 흐름을 분석하는 '나비에-스토크스 방정식'을 접목시켰기 때문이다.

프랑스의 공학자 및 물리학자 클로드 루이 나비에와 영국의 수학자이자 물리학자인 조지 가브리엘 스토크스가 처음 소개하여 오늘에 이른 이 방정식은 날씨 모델, 해류, 관에서의 유체 흐름, 날개 주변의 유체 흐름 그리고 은하 안에서 별들의 움직임을 설명하는 데 쓰일 수 있으며 실제로 항공기나 자동차 설계, 혈관 내의 혈류, 오염물질의 확산 등을 연구하는 데 사용되고 있다.

게임 개발자가 되려면 수학은 필수다

"프로그래머가 되려면 꼭 수학 공부를 해야 하나요?"

"코딩이나 프로그래밍만 할 줄 알면 되는 것 아닌가요?"

프로그래머를 꿈꾸는 학생들이 많이 하는 질문이다. 얼핏 보면 그렇게 생각할 수 있다. 과연 IT 개발자들에게도 수학이 필요할까?

답은 'YES'다.

게임 속 물체가 부딪치고 날아가는 것은 중력, 속도, 마찰력 등의 수학적 요소를 이용하여 화면에 나타내는 것이다. 그래픽스 분야에서는 시간에 따른 유체의 움직임을 나타내기 위해 미분방정식을 이용한 유체 시뮬레이션을 사용한다.

데이터 사이언스 분야의 프로그램을 개발하기 위해서는 확률과 통계에 대한 기본 지식을, 컴퓨터 비전을 위해서는 선형대수와 기하학을, 3D 프로그래밍을 구현하기 위해서는 선형대수, 삼각함수, 공간도형을 알아야 한다.

뉴바이올로지를 이끄는 인재의 조건

'시스템 생물학(System Biology)'이라는 말을 들어본 적이 있는가? 이는 생명현상을 복합체로 규정하고 생물학뿐만 아니라 전산학, 수학, 물리학, 화학 등의 원칙을 사용하여 분석하고 모사 발명하는 것을 목표로 하는 학문이다.

최근에는 생물의 생명현상이 시스템을 어떻게 구성하면서 그 시스템 속에서 연쇄적인 현상을 일으키는지에 대해서 많은 관심을 가지고 연구를 진행하고 있다.

생명, 수학, IT 기술 등 융복합적 접근을 통해 기존의 생물학을 뛰어넘는 시스템 생물학과 산업의 결합은 복잡계 생명현상에 대한 학문과 신기술을 추구하고 있다.

생명현상은 복잡한 구조로 되어 있는데, 시스템 생물은 이런 복잡한 생명현상을 수학적으로 표현한다. 이를 통하여 생명현상에 대한 메커니즘을 이해하고 더 나아가 실험으로 검증할 수 있는 다양한 가설을 과학적으로 제시한다. 그렇게 뉴바이올로지, 즉 생명공학이 산업으로 가능하게 되는 것이다.

우리는 스포츠, 문화, 생물, 정보 등 다양한 것들이 산업과 디자인, 기술 등과 융합하여 새로운 결과물을 생산하고 이것이 다시 소비자에 의해 재생산되는 시대에 살고 있다. 다양한 것들이 서로 관계를 맺어 시스템을 구축하고 이것들이 산업이 되는 세상을 맞이한 것이다.

스포츠 산업에서부터 시작해서 문화산업, IT산업, 생명과학 산업까지 일상의 많은 부분에서 수학적 알고리즘은 폭넓게 활용되고 있으며, 이런 추세는 앞으로도 계속될 전망이다. 이제는 '산수'가 아닌 '진짜 수학'을 공부해야 미래를 이끌어나가는 필수 인력이 될 것이다.

문제는 데이터다

수학이 우리 생활에서 얼마나 많은 부분에 영향을 끼치고 있는지에 대해서 생각해본 적이 있는가? 수학은 현재 우리가 검색하고 있는 인터넷·스마트폰에도 사용되고 있고, 그걸 통해서 보고 있는 인터넷 망에도 수학이 사용되고 있다.

Siri, 빅스비, 기가지니 등 스마트폰에 있는 음성인식 서비스들이 데이터들을 모아 다양한 답변을 들을 수 있는 것 또한 수학과 연관되어 있다.

새로운 과학자의 탄생

'데이터 사이언티스트'라는 직업을 들어본 적 있는가? 빅데이터와 인공지능이 각광을 받으면서 데이터 사이언티스트라는 직업도 더불어 주목을 받기 시작했다.

> 2019년 가장 각광받는 일자리는 무엇일까. 미국 최대의 직장 평가 및 구인·구직 서비스 업체인 글래스도어가 최근 발표한 '2019년 미국 최고의 직업 50'에 따르면 최고 직업 50개 중 19개가 IT(정보기술) 관련 직업이었다. …… 올해 1위는 데이터 사이언티스트(과학자)였다.
>
> – "올해 '최고의 직업'은 데이터 사이언티스트", 〈조선일보〉(2019. 1. 31.)

과학자라는 직업과 데이터는 따로따로 잘 알고 있지만 합쳐진 단어에 대해서는 생소할 것이다. 데이터 사이언티스트는 분석, 통계, 프로그래밍의 기술을 활용해 대규모 데이터셋(Dataset)을 모으고 분석하고 해석하는 직업으로, 경영 또는 운영의 난관에 대해 '데이터 주도형 해결책(Data Driven Solution)'을 제시하는 역할을 한다.

'데이터 사이언티스트'는 10년 전에는 없던 직업이었다. 하지만 최근 3년간 미국에서 최고의 직업으로 각광받을 정도로 급부상하고 있다.

데이터 분석가, 데이터 엔지니어링은 데이터 사이언티스트가 생기기 이전에 있었던 직업으로 분석가는 말 그대로 데이터의 분석 및 분석한 데이터를 보기 쉽게 시각화시키는 일을 하고, 데이터 엔지니어링은 데이터들을 수집하고 관리하고 유지하여 결정 책임자에게 데이터를 전달하는 역할을 한다. 반면에 데이터 사이언티스트는 수학부터 시작하여 통계학, 컴퓨터공학, IT 분야, 커뮤니케이션 등 정보기술 분야뿐만이 아닌 본인의 전문 분야 지식까지 골고루 알아야 하는 매우 능력 있는 직업인이므로, 21세기 가장 매력적인 일자리로 손꼽히고 있다.

데이터 사이언티스트의 직업군

데이터 사이언티스트는 네 가지 직업군으로 분류될 수 있다. 비즈니스 분석가와 데이터 분석가, 데이터 엔지니어 그리고 AI/머신러닝 엔지니어(AI/ML Engineer)가 그것이다.

비즈니스 분석가는 분야 전문성이 높은 직업군이면서 프로그래밍보다는 엑셀 같은 프로그램을 주로 사용하여 전략 혹은 사업과 관련된 부서에서 주로 근무, 매출과 관련된 의사결정에 많이 관여하고 있다.

데이터 분석가는 전체적으로 다 다룰 줄 아는 만능 엔터테이너, 데이터 분석부터 코딩 기술, 비즈니스, 분야 전문성, 머신러닝(Machine Learning)을 가지고 예측 모델도 만들어낸다.

데이터 엔지니어는 서버에서 데이터를 추출하여 대용량의 데이터를 분산 처리 기술을 사용하여 정리, DB(Data Base)를 안정적으로 다룰 줄 알고 컴퓨터공학 쪽의 역량을 많이 요구하는 편이다.

AI/ML 엔지니어는 수학 혹은 컴퓨터공학 연구 분야의 사람들이 많이 연구하는 분야로서 딥 러닝과 같은 기술을 다룬다.

공짜 프로그램 전문가

우리나라의 독보적인 데이터 사이언티스트 지존은 바로 '공짜 통계 소프트웨어'를 만든 이정진 교수님이다.

> 빅데이터 시대라는데 정작 초·중·고교생이 데이터와 통계를 배울 만한 프로그램은 없어요. 그래서 누구나 '공짜'로 쓸 수 있는 프로그램을 만들어보기로 했죠.
>
> — "어린이도 배우는 '공짜 통계 소프트웨어' 만든 65세 노교수", 〈중앙일보〉(2018. 5. 28.)

숭실대학교 정보통계보험수리학과 이정진 교수는 우리나라의 독보적인 데이터 사이언티스트다.

이정진 교수님은 언론사와의 인터뷰에서 이렇게 말하며 초등학생부터 대학생까지 쓸 수 있는 통계분석 프로그램인 eStat(www.estat.me)을 개발했다고 했다. 웹 기반이라 다운로드나 설치도 필요 없이 접속하기만 하면

PC나 모바일에서도 쓸 수 있다.

'estat.me 사이트'에서는 기본적인 데이터를 변환하는 프로그램을 이용할 수 있고 소규모의 데이터를 정리하고 분석하여 다양한 방식과 전략을 가지고 데이터를 정리할 수 있는 방법을 배울 수 있다. 또한 기본적인 통계 지식을 익혀서 데이터 사이언티스트가 되기 위한 초석을 다질 수도 있다.

어느 날 이정진 교수님께서 이 작은 동네인 부암동 정인수학 학원에 직접 방문을 하셨다. 늘 대학생 대상으로 eStat을 지도해오시다가 초중 눈높이에 맞는 eStat 교육을 나에게 맡겨보고자 오신 것이었다. 이 교수님과 이런저런 얘기를 나눈 후 궁금증이 생겨 "교수님, 왜 eStat 프로그램을 만드셨나요?"라고 여쭈어보았다.

내 질문에 교수님께서는 이렇게 대답하셨다.

"현재 빅데이터 분석을 위해서는 SAS, SPSS, R과 같은 PC용 통계 소프트웨어가 많이 사용되고 있지요. 하지만 통계 소프트웨어는 초보자가 배우기는 쉽지 않은 게 사실이에요. eStat은 데이터 과학을 초등생부터 대학 및 일반인까지 쉽게 교육하기 위하여 만든 웹기반 통계분석+교육용 소프트웨어입니다. 그래서 eStat이 웹 기반인 만큼 사용자들은 언제 어디서나 무료로 PC, 태블릿 또는 스마트폰으로 이용할 수 있지요."

교수님이 그동안 힘겹게 자비를 들여 eStat을 개발한 배경이 이런 것이었다고 생각하니 더욱 존경스러운 마음이 컸다. 나는 이런 분들이 우리나라에 대들보처럼 든든하게 계셔주는 것만으로도 우리 미래가 희망으로 밝게 빛나고 있음을 실감할 수 있었다.

최근의 보도에 따르면 데이터 사이언티스트의 인기는 우리나라에서도 이미 시작되었다고 볼 수 있다. 미래에는 데이터를 얼마나 잘 해석하고 분석하고 다루는지가 인재의 필수 조건임을 단적으로 보여주는 사례라 할 만하다.

> 내년부터 문을 열고 AI(인공지능) 인재를 양성할 서울대 데이터 사이언스 대학원의 첫 신입생 모집에 지원자가 대거 몰렸다. 11일 서울대에 따르면 40명을 뽑는 전문석사과정에 257명이 지원해 6 대 1이 넘는 경쟁률을 보였다. 15명을 모집하는 박사과정에는 43명이 지원해 3 대 1 수준의 경쟁률을 기록했다. 2018학년도 전·후기 서울대 공대·자연대 대학원(석사, 박사, 석·박사 통합과정) 신입생 모집 경쟁률이 각각 0.88대1, 0.95대1로 정원 미달했던 것에 비하면 '대박'이 난 셈이다.
>
> — "서울대 AI대학원 경쟁률 6대 1…", 〈조선일보〉(2019. 11. 12.)

인공지능 시대

요즘 우리 삶의 질을 높여주는 주요 기술은 단연 '인공지능'이다. '인공지능(Artificial Intelligence)'이란 인간의 지능적인 행동을 컴퓨터가 할 수 있도록 하는 것이다.

인공지능은 수학과 매우 관련이 깊다. 초창기 인공지능을 정의하고 개발한 이들은 대부분 수학자였다. 그리고 인공지능의 모든 기술의 밑바탕에는 수학이 깔려 있다. 우리가 흔히 알고 있는 자율주행, 음성인식, 컴퓨터 비전 등 분야별로 다양한 인공지능 기술은 비약적인 발전을 이루고 있으며 이는 앞으로도 가속화할 전망이다. 인공지능은 이제 우리 실생활에서 매우 다양하게 만날 수 있다.

농업의 인공지능 스마트 팜

인공지능은 농업과 결합해 생산성을 급속히 향상시키고 있다. 대표적인 것이 농·림·축·수산물의 생산, 가공, 유통 단계에서 정보 통신 기술(ICT)을 접목하여 지능화된 농업 시스템인 스마트 팜(Smart Farm)이다.

스마트 팜은 빅데이터와 인공지능을 기반으로 작물의 생산을 최적화하는 시스템이다. 스마트 팜을 이용하면 시간과 공간의 제약 없이 농사 환경을 관측하고 최적의 상태로 관리할 수 있다.

스마트 팜을 구동하는 IBM의 인공지능 '왓슨(Watson)'은 농산물 생산과 관련된 변이 정보를 실시간으로 탐색해 노동력, 비료·농약 등의 사용량을 줄이고 생산량을 최대화하고 있다. 또한 이를 통해 통계 분석 모델과 시뮬레이션을 만들어 농업인들의 사전 예측 기능을 돕는다. 스마트 팜은 응용 분야에 따라 스마트 농장, 스마트 온실, 스마트 축사, 스마트 양식장 등의 이름으로도 사용된다.

인공지능 번역기 파파고와 구글 비서 어시스턴트

우리들의 일상생활 곳곳에도 인공지능은 자리 잡고 있다. 영어를 번역할 때 '네이버 파파고'를 한 번씩은 이용해본 적이 있을 것이다. 실시간으로 치는 단어 또는 문장이 바로바로 번역되는 것은, 바로 인공지능을 이용했기 때문이다.

파파고의 번역은 인공신경망 번역을 통해 이루어진다. 인공지능이 전체 문맥을 파악하고 문장 안에서 단어와 순서, 문맥, 의미 차이 등을 반영해 번역하는 방식이다. 이는 1,000차원 벡터의 입·출력용 문장으로 이루어진 학습 데이터를 활용한다.

인공지능은 우리의 비서 역할을 하기도 한다. 개인 비서 기능을 하는 인공지능에는 검색 기술, 음성 인식 기술 등이 동원된다. 구글 어시스턴트는 사용자의 일정 관리는 물론 호텔이나 음식점 예약, 집안의 가전제품 제어까지 스마트폰 하나로 가능하게 한다. 아마존에서 만든 스피커인 '에코'에 탑재된 음성 인터페이스 인공지능인 '알렉사'는 날씨를 음성으로 물어보면 알려주고, 라디오나 음악도 들려준다.

인공지능 도시 스마트시티

스마트시티(Smart City)는 인공지능을 이용해 도시의 모든 인프라를 네트워크화한 미래형 첨단 도시다. 스마트 가로등은 스스로 조명 밝기를 조절하여 에너지 효율을 극대화시킨다. 스마트 주차의 경우 스마트 가로등을 이용해 비어 있는 주차 공간을 자동으로 알려준다.

또한 인공지능은 교육적 측면에서도 이용된다. 우리나라에서는 〈뽀로로〉 만화영화를 보고 아이들과 질의응답하며 영어를 가르치는 교육용 로봇을 개발했다.

집에 없는 부모를 대신하여 아이들의 하루 일정을 챙겨주는 보모 로봇도 있다. 인공지능을 활용한다면 피교육자의 학습 특성을 파악하여 개인 맞춤형 교육을 할 수 있고 교육의 질을 높일 수 있을 것이다.

글로벌 인공지능

구글에서는 온라인상에 해리포터 가상박물관을 만들었다. 이곳에 접속하면 작가의 자료는 물론 실제 전시관에 전시되었던 책, 빗자루, 구슬 등을 눈앞에서 보는 것처럼 살펴볼 수 있다.

또한 구글의 아트팔레트는 우리 집에 어떤 분위기의 그림이나 조각품이 어울리는지도 알려준다. 이는 머신러닝을 이용해 이미 저장된 그림, 조각품 등의 색감과 사용자가 선택한 색감을 비교해 서로 어울리는 색감의 작품을 찾아준다. '라이프 택(Life Tags)'은 키워드를 검색하면 전 세계에서 찍은 키워드와 관련된 사진들과 연관 검색어가 함께 나타난다. 이는 미국의 사진잡지 《라이프》의 디지털 아카이브에 인공지능으로 검색 기능을 만든 것이다.

인공지능에 사용된 수학적 원리

그렇다면 이런 인공지능에 사용된 수학적 원리는 무엇일까? 이렇게 여러 분야에서 쓰이는 인공지능은 대표적으로 머신러닝, 그중에서도 딥러닝(Deep Learning)을 바탕으로 한다.

여기서 사용되는 개념이 마르코프 결정 과정(Markov Decision Process)이다. 마르코프 결정 과정은 의사결정 과정을 모델링하는 수학적인 틀을 제공한다.

예를 들어 자율주행 자동차에 들어갈 알고리즘을 만든다고 치자. 이때 가장 중요한 문제 중 하나는 '확률계'에서 순차적 의사결정 문제를 푸는 것이다.

자동차가 빗길이나 비포장 도로 등의 원인으로 잘 제어가 되지 않는 것과 같이 우리의 예상과 일치하지 않는 상황을 '확률계'라 한다. 안전하게 운전하기 위해서는 매 순간 연속적인 결정들을 내리고, 이로 인해 얻어지는 상태들이 모두 안전해야 한다. 이러한 알고리즘을 개발하기 위해 수학적 모델인 마르코프 의사결정 과정이 필요하다.

낯설게만 느껴졌을 수도 있는 인공지능은 이처럼 우리의 일상생활 속에 스며들어와 있다. 인공지능 기술의 최종 목적지는 우리 '인간'이 아닐까 싶다. 인간처럼 보고, 듣고, 말하고, 판단할 수 있는, 즉 '인간다운' 기계인 것이다. 우리는 수학을 기반으로 앞으로의 세대를 책임질 인공지능을 발전시켜나갈 수 있을 것이다.

인재는 수학적 사고력으로 결정된다

개인적으로 잘 아는 기자가 한번은 이런 이야기를 한 적이 있다. 모 신문사의 교육팀에 속했던 이 기자는 몇 년 전 '한국의 명문고를 졸업한 이들은 어떤 인재로 성장했는가'라는 타이틀로 취재를 한 적이 있다고 한다. 쉽게 말해 국제고나 과학고, 외고 등 특수목적고등학교를 졸업한 아이들이 미국으로 진학한 뒤에 어떤 인재가 되었을까를 취재한 것이다.

이를 위해 기자는 미국 아이비리그를 탐방했다고 한다. 그러나 그곳에서 본 현실은 충격적이었기에 도저히 신문에는 실을 수가 없었다고 토로했다.

기자가 본 현실은 아이비리그 대학에 재학 중이거나 무사히 졸업을 한 아이들이 아닌, 강남의 어학원에 강사로 진입한 아이들이었다. 한국 사회에 맞추어 공부한 아이들은 외국의 전혀 다른 수업 방식과 사고를 따라가지 못해 결국 졸업을 하지 못한 채 한국으로 다시 들어온 것이다.

물론 전문 강사의 길이 나쁘다는 것은 아니지만 힘들게 공부하여 꿈에 그리던 아이비리그에 진학해 적어도 이 대한민국을 빛내는 인물로 성장했기를 기대했던 나는 아이들의 현실이 안타깝기만 했다.

이와는 반대로 요즘 실리콘밸리에서는 대한민국의 인재들이 맹활약하고 있다. 이 인재들은 가문의 영광이라고 할 수 있는 명문고와 명문대를 나왔지만, 카멜레온과 같이 다양한 얼굴을 요구하는 조직 생활과 경직되고 완고한 한국의 조직 문화 속에서 빛을 발하지 못하다가 외국으로 진출해서야 비로소 본인의 재능을 마음껏 펼치고 있는 중이라고 한다. 한국형 인재들의 약진에 힘찬 응원의 박수를 보낸다.

4차 산업형 인재란?

내가 만난 인물 중 4차 산업에 딱 맞는 인재, 다양한 사고력과 카멜레온 같은 적응 능력을 일찌감치 터득해서 여러 사업을 해온 사람이 있다. 바로 《IQ 페스티벌》의 저자인 김남현 대표다.

교보문고에서 우연히 보게 된 《IQ 페스티벌》은 정말 단숨에

읽을 수 있는 재미있는 책이었다. 그 안에 수록된 문제들은 멘사(Mensa) 회원이 되기 위해 봐야 하는 테스트와 비슷해서 도형의 유추를 통해 사고의 확장과 창의적인 사고를 키울 수 있었다. 하지만 그보다도 중간중간에 쓰여 있는 글들은 흥미 그 자체였다. 스도쿠 게임을 직접 만들어보거나 다양한 아이디어 발상 기법 등 여러 섹션의 글들은 호기심 많은 나를 자극시켰다. 그래서 나는 저자를 찾아가기로 했다. 다행히 그가 가까이에서 예쁜 카페와 출판업이 같이 있는 '미리ON'이라는 회사를 운영하고 있었기에 직접 만나볼 수 있었다.

"안녕하세요, 대표님! 황정인 원장이라고 합니다."

"네, 안녕하세요. 미리ON의 대표자 김남현이라고 합니다. 사실 연락을 받고 좀 놀랐어요. 책에 대한 질문은 받아봤지만 제 책을 들고 이렇게 직접 찾아오는 사람은 없었거든요."

"아, 그러셨군요. 사실 책을 읽으면서 대표님에 대한 호기심이 생겨서요. 책에 나오는 문제들도 그렇지만 중간중간에 쓰인 문구들을 보며 '이 글을 쓴 사람은 누구일까' 하고 생각했답니다. 특히 책의 맨 앞에 '당당하게 공고 졸업 후 지방대 나와 카이스트 1차 합격했지만, 21세의 나이로 사업을 시작해 줄기차게 말아먹으며 다양한 경험을 쌓았다'라고 쓰인 글을 읽으면서 저자를 꼭 만나고 싶다는 생각을 했습니다."

"아 그래요?"

"그리고 책 표지의 날개 부분에 쓰인 문구도 참 마음에 들었어요. '나에게 있어 나의 일은 나의 의지이자 희망이며 도전이자 성취이고 낭만이다'라는 문구 말이에요."

"그 문구는 저의 좌우명입니다."

"와우~ 참 멋지셔요. 저는 대표님처럼 세상을 좀 다른 각도에서 다양하게 바라보면서 도전하는 사람을 좋아해요. 수십조를 물려받아 대기업을 이끌어가는 총수들은 부럽기는 해도 존경의 대상은 아니에요. 하지만 이렇게 젊은 나이에 무엇인가를 찾기 위해 수없이 도전하고 실패하고 또 일어서서 다시 도전하는 젊은이를 보면 가슴이 뛰고 설렌답니다."

"아고~ 아직은 큰 성과를 내지 못해 부끄럽습니다."

겸손히 이야기하는 김남현 대표는 실리콘밸리와 한국을 오가며 열심히 사업을 하고 있다고 했다.

알고리즘 실행력이 중요하다

이렇듯 수학적 사고 능력을 가지고 다양한 문제 해결에 뛰어난 인재들이 필요한 시대가 왔다. 수학적 사고 능력을 가진 사람은 어떤 문제에 직면할 때, 이미 두뇌에서 알고리즘으로 다양한 해결 방법을 생각한다고 한다. 문제에 대해 순차적으로 해결할 수 있는 능력이 생긴다는 것이다. 이러한 점에서 김남현 대표는 이것을 실행에 옮겨 적용하고 있다는 점이 매우 놀라웠다.

다가오는 4차 산업의 미래는 답이 정해져 있지 않은 사회라고 한다. 수많은 문제들이 일어나고 예측하기 힘든 일들이 일어나는 사회라는 것이다. 그렇다 보니 이런 사회를 살아갈 인재들에게는 김남현 대표처럼 수학적 사고 능력이 필수가 될 것이다. 이 사고 능력으로 여러 해결 방안을 내놓고 다른 사람들보다 좀 더 다양하게 문제를 해결할 수 있는 사람만이 미래의 주역 자리를 차지하게 될 것이다.

실리콘밸리의 대한민국 인재들

현재 스마트폰에는 애플사가 구축해놓은 오픈마켓 장터인 '앱 스토어'와 구글사가 구축해놓은 오픈마켓 장터인 'Play 스토어'가 있다. 아이디어를 가진 개발자는 일정의 수수료만 지불하면 누구나 이 장터에 제품을 올릴 수가 있다. 앱 시장을 통해 너무나 쉽게 글로벌 진출이 가능해졌다. 이런 앱 시장을 이용해 대한민국에서 스타트업으로 성공한 대표적인 기업 두 군데를 소개하고자 한다.

배달을 배달하다 : 배달의 민족

첫 번째로 소개할 기업은 배달의 민족이다. '배달의 민족'은 꾸준히 국내 배달 앱 1위를 지키고 있는 대한민국 대표 배달 어플리케이션이다. 배달 앱은 대표적인 O2O(Online to Offline) 기반 서비스다. 'O2O' 서비스란 스마트폰을 이용해 온라인에서 주문을 받아 이를 오프라인에서 해결해주며 새로운 가치를 창출하는 서비스다.

현재 배달 관련 앱만 100개 이상 검색되지만 그중 1,000만 다운로드 수를 기록한 앱은 단 세 가지뿐이고, 그중 하나가 바로 '배달의 민족'이다. 현재 배달 앱 사용자의 약 50%가 '배달의 민족'을 사용하고 있다.

'배달의 민족'은 디자이너 출신인 김봉진 대표가 설립한 '우아한 형제들'에서 제작했는데, 회사에는 "퇴근할 땐 인사하지 않습니다. 휴가에는 사유가 없습니다"라는 슬로건이 걸려 있다. 김봉진 대표의 경영 철학이 잘 담겨 있는 문구다.

버릴 게 없는 정보

명문대 출신 CEO가 즐비하고 창업 기업의 60%가 3년 안에 폐업할 정도로 척박한 IT 업계에서, 서울예대를 나온 디자이너 출신인 김 대표는 어떻게 회사를 빠르게 성장시켰을까?

김 대표는 처음에 버려지는 전단지를 모두 주워 정보로 활용했다고 한다. 그렇게 하자 '배민'의 배달 음식 정보 데이터가 114와 네이버보다 많다는 입소문이 빠르게 확산하며 대표 배달 앱으로 급부상할 수 있었다고 한다. 또한 그는 배달 업체 사장님들과의 윈-윈(Win-Win)을 중요시했다고 한다.

배민의 성공 요인 가운데 빼놓을 수 없는 요소는 바로 B급 문화, 촌스러움과 어설픔, 유치함이 공존하는 브랜드 콘셉트다. 깔끔하고 고급스러운 이미지 일색인 배달 앱 시장에서 배민은 키치적인 유치함을 도입하여 주목도를 높이는 전략을 펼쳤다.

더불어 배민은 수수료를 폐지했는데, 이는 매출의 약 30%를 포기한 조치였지만 배민은 수수료 폐지 이후 실적이 더 나아졌다. 이는 고객의 입장에서 생각한 결과다. 최근에는 네이버의 AI 스피커 '클로바 프렌즈'와 연계해 음성으로 음식을 주문할 수 있는 서비스를 시작했다.

물론 여러 가지 상황이 잘 맞아떨어지기도 했다. 1인 가구의 증가로 혼밥, 혼술 등의 트렌드가 확산되며 배달의 영향이 더욱 커졌고 치킨, 피자 등으로 국한돼 있던 배달 음식 메뉴도 고급 레스토랑이나 동네 맛집 등으로 다양화되었다. 그리고 무엇보다 가장 중요한 요인으로, 스마트폰 보급의 확산으로 편하게 배달을 시킬 수 있는 환경이 조성된 것을 빼놓을 수 없다.[2019년 12월 배달의 민족은 독일 딜리버리히어로(DH)사에 40억 달러(약 4조 7,500억 원)에 매각되었다].

톡으로 통하다 : 카카오톡

두 번째 기업은 카카오톡이다. 현재 우리가 다들 당연하게 쓰고 있는 앱들에 대해서 생각해본 적 있는가? 친구들과 연락하기 위해서 사용하는 메신저 앱들이나 돈을 보내기 위해서 사용하는 송금 앱 등을 지금은 당연하게 사용하고 있지만, 이런 것들이 개발되기 전에는 컴퓨터로 보내는 사람과 받는 사람이 모두 로그인해야만 대화가 이어졌다. 반면 현재의 모바일 메신저들은 24시간이 온라인 상태에 있다.

또한 불과 몇 년 전만 해도 돈을 보내기 위해서는 통장이나 카드를 들고 ATM기 앞에 서거나 또는 은행 창구에 가서 종이에 금액을 쓰고 도장을 찍어야만 가능했다. 하지만 지금은 네트워크·통신·모바일 업종의 인터넷서비스 제공·소프트웨어 개발·공급/통신판매 사업을 하는 기업에서도 금융에 관련된 프로그램을 개발할 수 있게 되었다. 모바일 인터넷 시장의 개방이 벤처기업들에게 무한한 가능성을 열어줬기 때문이다.

돈 버는 대화창

카카오톡을 만든 이제범 대표는 '개발자 두 명, 기획자 한 명, 디자이너 한 명과 두 달 내에 개발'을 하는 것을 목표로 앱을 개발한다고 한다.

이 대표는 "고민만 길어지고 실행되지 않는 아이디어는 죄악"이라고 말하면서 "핵심적인 아이디어 한 개만 빨리 내놓고 나머지는 고객의 목소리에 맞추어라"라는 슬로건을 강조한다.

카카오톡을 만든 김범수 의장과 이제범 전 대표는 모두 산업

공학을 전공했다. 이 학과는 확률이나 통계를 배우기 때문에 수학의 탄탄한 기본기가 없으면 전공과목을 이해하기가 매우 어렵다. Process Management 분야에서 다루는 MRP나 ERP와 같은 이론의 경우 프로그래밍 구조나 수학적인 이론까지 배우는 경우도 있다. 하지만 대부분의 학부 수준에서는 기본적인 부분만 배워서 수학의 기본이 탄탄하면 대부분 쉽게 따라 할 수 있다.

2장

대한민국의 수학 교육 현장

책 한 권도 못 푸는 아이들

요즘 아이들에게 "너의 꿈이 뭐니?"라고 물으면 아이들은 대개 "공무원요", "변호사 될래요", "의사 선생님요", "학교 선생님요", "대기업에 취직하는 거요" 같은 말로 대답한다. 모두들 안정적인 삶을 원하다 보니 직업도 안정된 직업 안에서 막연히 장래 희망을 고르는 경향이 짙다.

그러나 이런 직업은 아이들의 부모 세대에 인기를 끌었던 직종일 뿐 아이들이 살아갈 사회에서도 이런 직업이 여전히 인기 있는 직종으로 남아 있을지는 아무도 장담할 수 없다. 게다가 훨씬 다채롭고 다양한 직업이 펼쳐질 미래를 살아갈 아이들이 이처럼 정해진 대답을 하는 것을 보면 안타까운 마음이 앞설 때가 많다.

스티브 잡스나 빌 게이츠, 마크 저커버그 같은 실리콘밸리의 인재들이나 창업을 해서 성공한 1인 청년 사업가들의 약진을 볼 때, 이런 도전적인 청년을 많이 배출해낼 수 있는 사회 시스템을 잘 갖추는 일이 얼마나 중요한지를 매번 실감하게 된다. 더불어 교육 현장에서도 아이들의 꿈을 구체적이고 명확하게 찾아갈 수 있도록 적극적으로 도와야 할 필요성을 많이 느낀다.

국제변호사의 수학 공부

나를 찾아온 철원이가 딱 그러한 아이, 구체적으로 정해진 꿈이 있는 아이였다.

"원장 선생님! 국제변호사가 되기 위해서는 영어 외에 어떤 것을 잘해야 할까요?"

이것이 중학교 1학년 때 학원에 상담을 받으러 온 철원이의 입에서 나온 말이었다. 이제 막 중학교 1학년이 된 아이의 뚜렷한 목표 의식에 나는 놀랐다.

"철원아, 네 꿈이 국제변호사야?"

"예, 맞아요."

"그냥 변호사가 아니라 국제변호사라는 거지? 국제변호사가 무슨 일을 하는 사람인지는 알아?"

"국제적인 업무를 하는 사람요. 국제법을 다루고, 국제 간의 분쟁을 다루는 사람이에요."

"맞아. 외국과 거래하는 기업이나 개인을 돕는 외국법 자문사를 말해. 그래서 국제변호사는 각국의 법을 잘 알아야 하지."

"네, 알고 있어요. 저는 바로 그런 일을 하고 싶어요."

중1짜리 아이가 명확하게 자기 꿈을 밝히는 것을 들으니 기특하기만 했다. 철원이의 당찬 포부를 듣고 있자니 기분이 매우 좋았다. 철원이는 덧붙였다.

"국제 간의 분쟁을 다루어야 하기 때문에 각국의 법에 능통해야 해요."

"또 어떤 것을 잘해야 할까?"

"영어를 잘해야 해요. 영어는 세계 공통 언어니까요!"

"철원이는 영어를 잘하는 편이니?"

"영어는 조금 해요."

"그럼 국제변호사가 되기를 원하는데 수학 학원에는 왜 찾아왔지?"

"수학을 잘해야 논리적 사고를 키울 수 있으니까요."

"와우 멋진데! 그런 사실도 알고 있단 말이지?"

확고한 자기의 꿈과 목표를 이야기하는 중학교 1학년생을 만난 것이 매우 신이 나서 나는 이런저런 상담을 끝낸 후 철원이에게 수학 교재 한 권을 툭 던져주었다.

"철원아, 초등학교 때 배운 수학이란다. 이 수학책 한 권을 풀어오겠니? 기간은 일주일 동안이란다."

근성을 시험하다

아이들이 수학 학원에 왔을 때 부모가 원하는 것이 아니라 아이가 무엇인가를 간절히 원할 때가 있다. 기특하게도 공부를 좀 더 잘하고 싶은 욕구가 있거나 뭔가 의미 있는 존재가 되고 싶다며 말이다. 이런 학생들을 볼 때면 참으로 기분이 좋아진다. 그러곤 아이들과의 이런저런 대화 끝에는 꼭 과제를 내준다.

과제의 내용은 단순하다. 그동안 배운 것에 대한 복습 책 한 권을 단기간에 풀어올 수 있냐고 물어보고 풀이 기간은 아이에게 정하라고 한다. 이런 과제를 내주는 이유는 아이의 근성을 보기 위해서다.

아이들 중에 두뇌 플레이와 근성 두 가지를 모두 갖춘 아이가 있다. 이런 아이들은 옆에서 도와주지 않아도 무조건 1등급까지 올릴 수 있다. 하지만 둘 중에 하나만 있다면 이야기가 달라진다. 만약 근성은 없고 두뇌 플레이만 있다면 두뇌로 2~3등급을 할 수 있음에도 4~5등급 정도에 머물게 된다. 반면에 두뇌 플레이는 없지만 근성이 있다면 그 아이는 무한한 가능성을 보여준다.

그런데 이 근성이라는 놈은 누구에게나 있는 것도 아니며 부모가 근성이 많다고 해서 자식에게 근성이 대물림되는 것도 아니다. 나와 우리 아이들의 경우가 단적인 예다. 근성은 대부분 자신의 꿈이 확고한 아이들에게 나타난다. 자신이 무엇을 원하는지(Goal) 알고 있다면 그 목표를 위해 무엇을 해야 하는지(Must to do)도 알기 때문이다.

이런 근성이 학생들에게 과연 있는지 알아보기 위해 하는 가장 쉬운 방법이 바로 과제를 내주는 것이다. 일부러 '개고생'을 시켜 보면 몰입하는 능력을 갖고 있는지가 금방 드러나기 때문이다. '책 한 권'과 '기간'이라는 과제를 받은 아이들 중 근성을 가진 아이는 받은 과제를 끝까지 해내서 오는 경우가 많았다. 그 아이들이 가지고 있는 '근성'이, 집중하면 끝까지 해내려고 하는 일명 '과제 집착력'으로 이어지기 때문이다.

과제를 완성하여 가지고 온 아이들에게는 그다음에는 전교 1등 하는 법을 가르친다. 당연히 이런 학생은 얼마 안 되어 전교 1등을 해낸다. 내가 잘 가르친 것이 아니라 바로 승부 근성 때문이다.

과제를 내주고 그 다음 주, 내가 예상했던 대로 철원이는 수학책 한 권을 다 풀어 왔고 결국 국제고에 진학했다.

돋보기로 불을 붙일 때까지

철원이처럼 승부 근성이 있는 자녀로 성장하도록 만드는 방법은 무엇일까? 다양한 방법이 있겠지만, 나는 그중에서도 가장 확실한 방법을 추천한다. 바로 어릴 때부터 운동을 시키는 것이다. 팀으로 하는 운동이라면 더더욱 운동을 계속할 수 있도록 지원한다. 운동은 체력을 향상시켜 공부할 때 뒷받침이 될 뿐만 아니라 아이에게 끝까지 해낼 수 있는 근성을 기를 수 있도록 도와준다.

하지만 내가 봐왔던 학부모들의 대부분이 빠르면 초등학교 때부터, 보통은 중학생 때부터 공부에만 집중하길 원한다. 그렇다고 아이가 공부에 온전히 집중할 수 있을 정도의 충분한 시간을 주지는 않는다. 이곳저곳을 돌아다니며 성적이 나오기만을 원하는 것이다.

그렇지만 몰입이라는 것은 돋보기를 가지고 종이를 태우듯 한 가지 목표에 집중해야 하는 것인데, 아이들이 여기저기 옮겨 다니며 돋보기를 움직이다 보면 결국 종이는 햇볕에 그을리기만 할 뿐 태우지는 못한다. 그래서 나는 운동을 시킨다면 중도 포기 없이 꾸준히 10년 이상은 시킬 것을 권한다. 너무 일찍 공부시킨답시고 하던 운동을 그만두게 하지는 말았으면 한다. 끝까지 돋보기를 한 곳에 집중해서 종이에 불이 붙을 때까지 말이다.

돋보기로 햇빛을 한 곳에 모아 에너지를 응축시키듯, 공부에도 몰입이 가장 중요하다.

돋보기로 햇빛을 한 곳에 모아 에너지를 응축시키듯, 공부에도 몰입이 가장 중요하다.

+ − × ÷

답만 맞으면 될까?

4차 산업 시대를 발 빠르게 앞서 나가는 미국, 독일, 이스라엘, 핀란드 등에서는 모든 학생들에게 일찌감치 컴퓨터 활용 교육을 하고 있다. 교과과정에 컴퓨터의 기본 상식뿐만 아니라 이를 응용할 수 있는 다양한 교육을 본격적으로 실행하고 있다.

우리나라도 코딩 교육이 의무화되어 2018년부터 중고등학생들에게 실시되고 있다. 코딩은 사람의 언어를 컴퓨터 언어로 변경하여 입력하는 것을 말한다. 스마트폰, 자동차, 리모컨 등을 작동하게 만들려면 컴퓨터 언어로 명령해야 하는데, 이 컴퓨터 언어로 바꾸는 작업을 코딩이라고 한다.

코딩 교육이 의무화한 데에는 앞으로 살아갈 디지털 시대에서는 컴퓨터 전문 프로그래머가 아니더라도 누구나 소프트웨어 능력을 갖추어야 한다는 데 모두 공감했기 때문이다. 그런데 우리나라의 코딩 교육은 아직까지 스스로 문제 해결 능력을 키워가는 교육이 아니라 이미 다 만들어놓은 것을 흉내 내는 데 그치고 있어 앞으로 이에 대한 보완이 필요하다고 생각한다. 아이들이 스스로 생각해서 문제를 풀어나가지 않고 코딩마저도 주입식 교육으로 진행되고 있는 것은 매우 안타깝다.

하브루타로 크는 유대 아이들

이스라엘은 유대인의 경전 《토라》를 가정에서 어릴 때부터 외우도록 교육하고 《탈무드》에 나오는 이야기들을 늘 듣고 자라난다. 그리고 경전과 탈무드의 내용을 놓고 두 명이 짝을 이루어 질문, 대화, 토론, 논쟁을 주고받으며 서로 의견을 나눈다. 이런 유대인의 전통적인 교육 방식을 '하브루타'라고 하는데, 유대인들은 이 교육 방식으로 진리를 찾고 자기를 주장하는 법과 상대방에 대한 존중과 배려를 배운다.

이들은 서로 토론을 하다가 모르는 것이 있으면 학식이 높은 분에게 지혜를 구한다. 동료, 가족, 때로는 스승에게 질문할 때에도 서로 주고받는 쌍방향의 교육을 한다는 것은 변함이 없다.

이렇게 어릴 때부터 토론 방식을 자연스럽게 몸에 익힌 덕에 유대인들은 타인의 다른 생각도 폭넓게 수용할 수 있으며 동시에 비판적인 사고 능력도 키워지게 된다고 한다. 하나의 주제에 대해 서로 찬반양론을 하다 보면 새로운 아이디어와 그 해결책을 찾을 수 있는데, 전 세계 노벨상을 가장 많이 받는 이유는 아마도 이런 오랜 전통의 교육 방식에서 나온 것이 아닐까 한다.

유대인들의 교육 방식에서 한 가지 더 부러운 것은 이스라엘의 아버지들이 아이들의 교육에 적극적으로 참여한다는 사실이다. 우리나라의 아버지들이 바쁘다는 이유로 교육에 관해서는 거의 아내에게 일임하는 것과는 매우 대조적인 모습이어서 많이 인상 깊었다. 또한 밥상머리에서조차 아버지와 대화를 나누는 일이 거의 없는 우리나라 대부분의 가정을 떠올리고는 어쩌면 자녀 교육에서 우리가 많은 것들을 잃어버리고 살지는 않았나 고민하는 계기가 되었다.

"요점만 얘기해", "그래서 하고 싶은 말이 뭐야?"라며 우리는 흔히 과정은 듣지 않고 결과에만 초점을 맞춰 아이들을 몰아세우고 있지는 않은지 잠시 되돌아보는 시간을 가져보면 좋을 것 같다.

답을 찾아가는 재미를 아는 아이

재형이는 4학년 때 아버지를 앞세우고 어머니와 함께 우리 학원에 상담을 하러 왔다. 아버지가 상담자로 같이 오는 경우가 드문 터라 나는 특별히 더 관심을 가지고 재형이네 부모님을 상담하게 되었다.

재형이 아버지께서는 늘 아이의 생각을 존중해주시며 아내와 함께 교육에 참여하신다고 했다. 그런 재형이 아버지의 모습은 아들을 뒤에서 든든히 지켜봐주는 격려자의 모습이었다. 자신을 잘 믿어주고 지지해주는 부모님 밑에서 자란 재형이는 당연히 자존감이 매우 높았을뿐더러 자신의 생각을 늘 존중받다 보니 이런저런 생각을 다양하게 발표하는 모습을 보여주었다.

부모님의 이 같은 배려와 존중 덕분에 재형이는 비록 답이 틀릴 때에도 그 풀이 과정을 그림으로 그려보거나 수학 교구를 활용해 다양한 방법으로 풀어냈다. 또 쉽게 포기하는 것이 아니라 충분히 생각할 시간을 주면 다시 정답을 찾아냈다.

"재형아, 수학이 재미있니?"

"네, 재미있어요."

"수학이 왜 재미있니?"

"답을 찾아가는 방법이 여러 가지인데 답을 찾았을 때가 너무 좋아요."

"만약 답이 틀렸을 땐 어떻게 하니?"

"다시 해보면 되지요."

"그래 맞아! 다시 해보면 돼! 그럴 땐 어떤 방법으로 다시 답을 찾아가니?"

"저는 그림을 그리거나 교구로 수학 문제를 푸는 것이 재미있고 좋아서 다시 생각해서 그려보고 여러 방향으로 생각해요."

"그렇구나? 그러면 이번에는 네가 수학 게임을 응용해서 한번 만들어볼래?"

"그래도 돼요?"

"그럼, 당연하지! 수학 개념을 하나 알려줄 테니까 이 개념을 바탕으로 게임 하나를 만들어오면 어떨까?"

"좋아요!"

그날, 나는 재형이에게 집합의 정의와 왜 집합을 배워야 하는지, 집합을 배우면 어디에 응용할 수 있는지를 설명해주었다. 또 보드게임 중 집합의 개념이 들어 있는 분류 게임인 '셋(Set)'이란 게임을 알려준 뒤 과제를 내주었다.

게임 박사 조재의 수학 공부법

재형이는 며칠 동안 밤을 새다시피 고민하면서 새로운 게임을

게임으로 수학을 공부한 것이 화제가 되어
잡지에 소개된 재형이(왼쪽)

만든 뒤 학원에 들고 왔다. 재형이가 만든 게임은 '셋(set) 게임'의 종류를 좀 더 다양하고 복잡하게 구성한 것이었다. 다른 학생들에게도 본인이 확장한 셋 게임을 설명해주고 함께 놀면서 어찌나 신나 하던지, 아직도 재형이의 모습이 생생하다. 우리는 곧 재형이에게 '게임 박사 조재'라는 별명을 붙여주었다. 재형이는 게임으로 수학 실력을 키운 일이 화제가 되어 6학년 때는 한 잡지에 소개되기도 했다.

> 두뇌 개발용 보드게임 루미스로 놀면서 수학을 배운 조재형 군(당시 초등 6년)과 이현경 양(당시 중등 1년). 두 사람은 게임을 하면서 수학 실력뿐 아니라 집중력과 인성, 감정을 절제하는 능력도 배웠다고 털어놓았다.
>
> — "게임으로 수학 영재가 된 이현경 · 조재형 노하우 공개", 《여성동아》, 2009년 6월호, 596~597쪽

이 일을 계기로 수학이 더 재미있어진 재형이는 수학에 대한 호기심이 늘어나 수학 문제 풀이를 자신만의 문제 풀이로 만드는 것을 즐겼다. 그러다 보니 당연히 수학 성적이 늘 톱이었고, 이후 과학 고등학교에 진학해서 포항공대에 합격해 지금은 서울대로 옮겨 대학원에 진학할 준비를 하고 있다.

재형이가 수학을 좋아하게 된 가장 큰 이유는 문제 풀이로 답만 맞히는 수업이 아니라 한 문제를 놓고 다양한 문제 풀이 방법

중 본인이 좋아하는 그림을 통해 혹은 게임을 통해 푸는 과정 과정을 즐긴 데 있었다. 재형이의 부모님과 원장인 내가 이 부분에서 도와준 것이라곤 아이가 충분히 풀 수 있을 때까지 기다려주고 또 다른 미션을 던져주며 해결해나가는 모습을 칭찬해준 일밖에 없었다.

재형이가 수학을 좋아하게 된 이유, 수학을 즐기게 된 이유는 그저 수학이 재미있고 신났기 때문이다. 어른들인 우리는 그저 그 옆에서 재형이가 수학을 즐거워할 수 있도록 계기를 마련해주었을 뿐이다. 앞으로도 더 잘해나갈 재형이를 기대해본다.

마음을 여는 수학 게임

여러분들에게 혹은 여러분의 자녀들에게 수학은 어떻게 다가오는가? 재미있는 과목인가? 아니면 '수학'의 '수' 자조차도 듣기 싫은 과목인가?

이런 질문을 하는 나 역시 어린 시절 수학을 매우 어렵고 재미없게 공부했다. 중고등학생 시절 수학 시험이 매우 어려웠는데, 당시 수학 시험 문제는 선생님께서 심사숙고해서 고른 어려운 주관식 문제 세 개가 다였다. 문제 개수가 달랑 세 개였으니 한 문제만 틀려도 점수가 엄청 깎였고, 풀이 과정에서 부분 점수를 조금이라도 받으면 수학을 엄청 잘하는 아이가 되었다.

어린 시절 집이 가난했기에 나는 학원에 다닐 수가 없었고 모르는 문제가 나와도 어디 물어볼 데가 없었다. 그러다 보니 밤을 새워서 문제를 껴안고 낑낑대는 날이 많았고, 문제가 안 풀리는 날에는 문제를 풀다가 내 못된 성질에 엉엉 울었던 기억이 난다. 가끔 꿈에서도 못 풀었던 문제가 나타날 정도였다. 오기 반 근성 반으로 결국에는 문제를 풀어내서 선생님께 가져가는 날에는 칭찬을 받곤 했던 기억이 있다.

보드게임으로 배우는 수학

나 자신이 수학을 힘들게 배웠기에 수학을 어렵기만 한 과목이라고 느끼는 아이들이 이해가 되면서도 수학을 가르치는 입장에서 참으로 안타깝기도 하다. 누군가 조금이라도 도움을 주면 쉽게 풀릴 실타래를 아이들이 풀지 못해 끙끙거리고 있다는 것을 누구보다 잘 알기 때문이다.

그렇다고 수학을 지레 포기할 것인가? 4차 산업을 향하고 있는 현재, 수학이라는 과목은 필수 과목이 되었고 이제는 피하고 싶어도 피할 수 없는 현실이 되었기에 그저 두고 볼 수만은 없었다. 아이들이 수학을 재미있고 즐겁게 배울 수 있는 방법은 없는 것일까?

그러던 중 생각난 것이 교구와 보드게임이었다. 하루는 아이들에게 이런 질문을 했다.

"수학 한 문제를 가지고 밤을 새워본 적 있는 사람 있니?"

그러자 아이들은 "에이, 수학 문제로 왜 밤을 새워요? 차라리

안 풀고 말지요. 근데 게임으로는 밤을 새울 수 있을 것 같아요"라고 대답하는 것이다.

이 말에서 옳다구나 했다. 게임이라면 밤을 새울 수 있다고 하니 수학과 게임을 연결하면 되겠구나 하는 생각이 들었던 것이다.

그날 이후부터는 아이들을 가르치면서 수학에 대한 아이들의 흥미를 이끌 수 있는 교구를 찾으려 했다. 수학과 관련된 교구를 찾으려 했고 게임 하나에도 수학의 의미를 찾으려 했다. 그리고 수업에서도 보드게임을 활용하여 쉽게 수학 개념에 쉽게 접근할 수 있도록 하였다.

아이들의 반응은 놀라웠다. 특히 쌍방향으로 함께하는 수학 관련 보드게임을 통해 수학과 리더십을 배우고 서로를 배려하며 윈-윈할 수 있는 훈련을 많이 하도록 했다. 내 수업의 주인공은 늘 아이들이었고 자신들이 직접 증명하고 발표하며 서로 가르쳐주는 수업을 하다 보니 내 수업은 늘 활기가 넘치는 수업이 되었다.

감정보다 논리가 통하는 아이에게는

교구로 수학을 배우는 것은 아이들에게 수학에 대한 흥미만 가져다주는 것은 아니었다. 서로를 배려하며 윈-윈하는 법을 배운 아이들은 자신의 태도 또한 고쳐나가기 시작했다. 대표적인 아이가 김성실이다.

기타를 치며 교회를 다니던 성실이는 이름과는 반대의 아이였다. 학교를 매일 지각했으며 학교생활에도 불성실했다. 그러나 어릴 때부터 책도 많이 읽고 토론도 꽤나 잘했던지라 아무런 준비 없이 시험을 봐도 국어는 그냥 1등급인 아이였다.

그러던 어느 날, 그날도 지각을 한 성실이와 이를 그냥 두고만 볼 수 없었던 성실이의 담임선생님 사이에 시비가 붙었다. 지각을 하고선 잘못했다고 말하지 않고 따지기를 잘하는 성실이는 담임선생님께 대들어 야단을 호되게 맞고는 그다음부터 학교에 가지 않겠다고 떼를 부리며 무단결석을 하였다. 그러다 결국 성실이는 고등학교 자퇴를 선언했고, 그런 모습을 그냥 볼 수 없었던 성실이의 부모님께서 성실이를 데리고 나에게 오셨다.

상담 후 성실이에게 검정고시에 대한 설명을 해주었다. 검정고시에 필요한 공부가 무엇이 있고, 검정고시를 보았을 때와 학교를 다닐 때의 장단점을 각각 이야기해주었다. 그리고 무엇보다 이 사건에 대한 원인 제공이 성실이에게 있다는 것을 각인시켜주었다.

모든 이야기를 들은 성실이는 검정고시가 불리하다는 판단을 했는지 다시 고등학교로 돌아가겠다고 했다. 그렇게 성실이는 학교로 돌아가 담임선생님께 사과를 드렸고, 무사히 졸업을 했다.

성실이와 같이 논리적으로 따지기를 잘하고 납득이 되어야 순종하는 아이들에겐 그들의 마음을 여는 것이 먼저여야 한다. 이런 아이들의 마음을 빠르게 열어야 할 때, 나는 종종 아이들과 게임을 한다. 예민하거나 강한 자기주장으로 건드리기 힘든 아이일수록 게임을 통해 조금 물러서서 아이들의 이야기를 듣는 것이다. 아이들과 게임을 하면서 서로 이긴 사람 얘기를 들어주는 식으로 주거니 받거니 하다 보면 어느새 아이의 마음이 열리고 속 깊은 대화를 할 수 있었다. 성실이 또한 그러했다. 이후 성실이는 학원을 다니며 차차 마음을 열기 시작했다.

수학을 즐겁게 배우기 위해 게임을 접목한 것이지만 이 방법은 성실이와 같이 자기주장이 강한 아이와 대화를 하기에도 매우 적합한 방법이다. 게임이라는 교구가 아이들의 흥미를 끌 뿐만 아니라 마음을 열 수 있는 중요한 매개체가 되기 때문이다.

질문을 통해 배우다

"왜 한국 학생들은 질문을 잘 안 합니까?"

강남의 명문 학교에서 아이들을 가르치던 원어민 교사 랄프 선생님이 어느 날 한국의 학생들이 매우 독특하고 신기하다며 말했다.

질문이 없고 과묵한(?) 문화는 아이들에 국한되지 않는다. 게다가 한국의 교육은 아직까지 선생님 위주의 주입식 교육으로 이루어지다 보니 교실은 물론이고 가정에서조차 질문을 할 수 없는 환경이 지배적이다. 부모님은 물론이고 아이들에게도 질문하고 의견을 내는 문화가 없다 보니 침묵하는 것이 생활화되어 조용하기만 한 교실이 되는 것이다.

이런 습관이 생활화되어왔던 아이들을 어떻게 하루아침에 질문을 잘하는 학생들이 되게 할까? 교육자로서 어떻게 교실의 주인공인 아이들이 스스럼없이 질문하고 답하는 문화를 만들어내야 할까? 고민에 고민을 거듭할 수밖에 없었다.

갈등의 지하철을 타고

2019년을 기준으로 1901년부터 2016년까지 노벨상 수상자 중 유대인 개인 수상자는 197명으로 전체 수상자의 22%를 차지한다고 한다. 여기에 공동 수상자를 포함하면 36%를 차지해 노벨상 수상자의 3분의 1 이상을 유대인이 가져간 셈이 된다. 이 정도면 거의 독식이라고 해도 과언이 아니다. 게다가 세계 인구의 약 0.2%에 불과한 유대인의 인구수에 비하면 대단한 업적이다.

이런 유대인을 있게 한 원동력 중 하나가 앞에서도 말한 '하브루타' 학습법이다. 서로 짝을 이뤄 묻고 대답하며 진리를 찾아가는 하브루타는 교실은 물론이고 가정에서도 늘 일상적으로 이루어진다.

나는 질문하고 대화하는 방식의 장점을 한국 리더십 센터의 김경섭 회장님과의 만남에서 다시 한 번 확인할 수 있었다. '코칭'이라는 용어가 교육계에서 새로운 바람으로 불어오는 당시에 우리 집은 고2인 아들과 남편의 갈등이 최고조로 달해 있었다.

아들은 당시 하라는 공부는 안 하고 로봇에 빠져 살며 세계대회를 앞두고 있었는데, 그때는 지금과 입시 상황이 달라서 성적이 뒷받침이 안 되면 대학에 갈 수가 없던 시절이었다. 남편은 대회고

뭐고 다 때려치우라며 야단을 쳤고, 아이는 아이대로 아빠에게 반항을 하며 말을 듣지 않고 있었다. 남편과 아이가 서로에 대한 원망과 불신이 가득하던 중, 김 회장님께서 우연히 이 사실을 알고 무료 코칭을 자원해주셨다.

회장님과의 면담을 위해 수서로 가는 지하철을 탔는데 아들은 저 멀리 떨어져 아버지와 눈도 안 마주치고 어색하게 면담 장소로 향했다.

아들의 손가락 대화

우리 가족을 만난 김 회장님은 아들에게 먼저 마음에 드는 질문에 손가락으로 점수를 매기라고 하셨다. 손가락 한 개를 1점으로 계산해서 손가락 열 개인 10점까지 점수를 매기면 되는 방식이었다.

"승정아, 요즘 공부는 열심히 하고 있니?"

'손가락 한 개.'

"승정아, 너 방은 치우고 공부하니?"

'손가락 한 개.'

"승정아, 친구들하고는 잘 지내니?"

'손가락 두 개.'

도무지 점수가 잘 올라가지를 않자 회장님은 "승정아, 네가 로봇을 한다며?"라고 물었다.

'손가락 다섯 개.'

"승정아, 대학에 가서는 어떤 로봇을 만들고 싶니?"

'손가락 열 개.'

승정이는 관심 분야에 대한 질문을 받더니 드디어 손가락으로 10점을 주었다. 두 손가락을 다 펴 보이며 갑자기 자기가 대학 가서 만들고 싶은 로봇에 대해 이야기를 쏟아내기 시작하는 모습을 보며 김 회장님은 아들을 극구 칭찬해주셨다.

그런 뒤 남편한테는 'YES', 'NO' 둘 중 하나만 택해 답변하라고 하시는 게 아닌가?

"성과를 잘 못 내도 자기 책상을 깨끗이 하는 직원을 계속 쓰겠습니까?"

"NO."

"자기 책상이 좀 지저분하더라도 성과를 잘 내는 사람은 계속 쓰시겠습니까?"

"YES."

"에디슨이나 아인슈타인의 연구실은 대부분 지저분했다고 합니다. 비난받아야 합니까?"

"NO."

"아드님이 하라는 공부는 안 하고 방도 지저분하고 못마땅한 것들이 많으신데 제가 아드님한테 지금부터 투자해서 이다음 모든 권한을 제가 가져도 되겠습니까?"

"NO."

남편은 이렇게 대답하면서 “제가 제 아들을 팔겠습니까?”라며 어림도 없다는 듯이 버럭 화를 냈다.

그날의 간단한 코칭으로 남편은 아들을 세계대회에 나갈 수 있도록 허락했고, 우리 셋은 갈 때와는 달리 전철 안에서 나란히 옆에 붙어오면서 이런저런 이야기를 나누었다. 결국 남편은 아들한테 노트북까지 선물하게 되었고 나는 상대방에게 질문을 끌어내는 코칭의 힘을 알게 되었다. 그날의 코칭 한 번으로 우리의 가족 관계는 회복되었다.

그날의 코칭은 적절한 질문의 힘을 잘 배울 수 있는 계기가 되었고, 나는 그때부터 아이들한테 질문을 잘할 수 있는 훈련을 하는데 집중하게 되었다. 아이들의 관심은 무엇인가 질문을 통해서 끌어내는 것이 중요하다는 것을 깨달았기 때문이다.

우선 아이들에게 할 질문 리스트를 만들어 관심사가 무엇인지 알아냈고 이를 바탕으로 대화를 이끌었다. 말하지 않고 손가락만으로 질문의 점수를 표현하다 보면 어느 순간 아이들의 말문이 트일 때가 있다. 그때는 아이들의 얘기에 집중해서 들었다. 이런 방식으로 접근하자 아이들과 좀 더 가깝게 되고 마음을 공유할 수 있게 되었다.

충분한 시간 주기

일본에서 노벨상을 받은 한 과학자의 인터뷰에서 그의 어린 시절 얘기를 들은 적이 있다. 그 과학자는 어릴 적부터 호기심이 많았는데, 잉크를 넣어 만년필을 사용하시던 아버지의 만년필에 어느 날 자신이 직접 잉크를 넣고 싶었단다. 그래서 어머니한테 졸라 혼자 잉크를 넣어보기로 했다. 만년필에 잉크를 넣으려면 말랑말랑한 튜브를 손으로 눌러 공기를 뺀 뒤 잉크를 빨아올리게 해야 하는데, 그 과학자는 이렇게 빨려 들어가는 원리가 마냥 신기하기만 했다고 한다.

그러나 어려서 이 일이 쉽게 되지는 않았다. 잉크를 웬만큼 넣었다고 생각했는데 만년필을 쓰려 하면 나오지 않았다. 그래서 그

날 그 과학자는 잉크 한 통을 다 쓸 때까지 수십 번 이 일을 반복해서 했다고 한다. 수십 번의 연습 끝에 결국 잉크를 만년필에 채운 그는 기쁨에 차서 어머니에게 달려가 보여주었다고 한다.

일본 집은 바닥이 나무로 되어 있기에 이미 방바닥은 잉크로 얼룩이 져서 엉망이 되었고 손이고 만년필이고 온통 잉크로 떡칠이 되어 있었지만, 그분의 어머니는 야단을 치지 않고 스스로 원리를 터득하게끔 기다려주었다고 했다.

그날 그 노벨상 수상자는 어머니의 이 같은 배려가 과학에 대한 호기심으로 발전해 이 자리에 오게 되었다면서 겸손히 수상 소감을 말했다. 그분의 모습과 일화가 오랜 기억 속에 아직도 부러움으로 남아 있다.

나라면 어땠을까?

상담을 하다 보면 옆에 앉아 있는 아이에게 "안 돼!", "하지 마!", "가만히 있어!", "그만해!" 등의 말을 많이 하시는 어머님들을 볼 수가 있다. 반면 공공장소임에도 기죽이면 안 된다며 그냥 방치하는 분들도 많다. 나는 둘 다 바뀌어야 한다고 생각한다. 남한테 피해가 가지 않는 범위 내에서는 "한번 해 보렴" 하고 던져주며 지켜봐주는 것이 필요하고, 공공장소여서 남한테 피해를 주는 행동이라면 단호하게 말려야 할 필요가 있지 않을까?

대신 남에게 피해가 가지 않을 땐, "안 돼!", "하지 마!"보다는 이렇게 물어봐주면 어떨까 한다.

"왜 하려고 하는 거니?", " 그래 한번 해보렴~"이라고 말이다.

이 글을 읽는 부모님들에게 툭 던지는 질문

1. 잉크를 제대로 못 넣어 쩔쩔 매고 주변이 온통 잉크 자국으로 엉망진창이 될 것 같으면 우리들은 어떻게 할까? 주변이 엉망이 될 것 같고 답답하니 기다리지 못하고 바로 뺏어 대신 채워주지는 않았을까?
2. 아이가 나무 바닥에 잉크를 철철 흘리고 뛰어왔다면 어떤 반응을 보였을까?

수학에 어두웠던 진이

진이는 초등학교 4학년 때 학원에 왔다. 운동도 잘하고 성격도 좋았던 진이는 언어 능력인 국어와 영어를 잘하던 아이였고 훌륭한 인재로 좋은 자질을 많이 갖춘 아이였다.

그런데 다른 과목에 비해 수학 과목에서만큼은 그 아이가 가지고 있던 능력치만큼 나오지 않았다. 수학 성적이 잘 나오지 않아서 학원을 방문한 것이었다. 진이는 기존의 방법대로 수학 문제지만 열심히 풀면 수학 성적이 나올 것이라고 생각했는데 생각한 대로 수학 성적이 나오지 않아서 학원을 찾아왔다고 했다.

나는 이런 이야기가 꽤나 안타까웠다. 그래서 온 세상이 수학으로 이루어져 있다는 것을 하나하나 가르쳐주기 시작했다. 대자

치열한 외고 입시 경쟁, 난 이렇게 뚫었다

지난해 말 치러진 2014학년도 외국어고등학교 입시에서 서울지역 6개 외국어고 입시의 일반전형 평균 경쟁률이 2대1을 넘어서면서 지원자 수가 3년 만에 증가세로 돌아섰다. 지난해 재현된 외고의 인기몰이는 정시가 확대되면서 수능시험이 보다 강화된 대입제도와 문과생에게 의대 지원을 허용한 서울대 입시안 변화 등 요인이 작용했기 때문이다. 치열한 경쟁을 당당히 뚫은 서울 및 경기지역 외고 합격생들은 어떤 비결이 있을까.

방종임 맛있는공부 기자

》대원외고 합격 김진

김진(16·서울 청운중 3)군은 외국에서 유학한 적도, 변변한 영어학원에 다닌 적이 없음에도 겁 없이(?) 영어과에 지원해 당당히 합격했다. 그가 말하는 비결은 '성실성'이다. 초·중학교 내내 누구보다 열심했다.

그는 외고 지원할 때 가장 염두에 둘 것으로 '외국어에 대한 관심'을 꼽았다. 외국어에 관한 깊이 있는 수업이 진행되는 학교인 만큼 외국어를 좋아해야 한다는 것. 김군은 "순수 국내파이지만 어렸을 때 영국문화원과 영어도서관을 자주 가면서 외국인을 자주 만나고, 영어책도 많이 보면서 영어를 자연스럽게 접했다"고 강조했다.

》한영외고 합격 신예슬

신예슬(16·서울 방산중 3)양은 일찍부터 외고 진학을 꿈꿨다. 언론사 특파원인 아버지를 따라 일본에서 일곱살부터 열살까지 3년간 국제학교에 다니며 영어를 접한 신양은 난도 높은 영어를 체계적으로 배우고 싶다는 생각에 외고 영어과에 지원했다. 국제적인 인권변호사가 장래 희망이라는 그는 "진로 계획을 일찍

(왼쪽부터) 김진군, 신예슬·길혜은양.

수학에 유독 약했던 진이는 원리로 접근하는 방법에 성공해 2진법의 원리를 스스로 터득했다.
* 출처: 〈조선일보〉(2014. 1. 13.)

연 속에는 수학의 모든 원리가 숨겨져 있고, 이것을 사람들이 발견하고 증명하고 정리해놓은 게 바로 수학이지 않은가?

그러자 문제집에 머물던 진이가 점점 더 세상 속에 숨어 있는 수학에 대해 관심을 갖기 시작했고, 어느 날 마술카드라 불리는 '진법 카드'를 내보였다. '진법 카드'는 상대방이 카드 몇 장을 보며 카드 속에 자신이 생각해놓은 수를 '있다', '없다'만 얘기하여 그 사람이 생각하고 있는 수를 맞추는 게임이다. 이 게임 속에 숨어 있는 원리가 바로 2진법의 원리였다.

원리를 알면 쉽다

진이는 초등학교 5학년이었지만 수학에 흥미를 갖기 시작한 터라 2진법을 가르치고 난 뒤 제곱수와 2 제곱수를 가르쳐주고, 다른 숫자를 2로 나눈 나머지인 0과 1로 모든 언어의 표현이 가능하다는 것도 가르쳐주었다.

진이는 이것들을 배우고 나더니 내게 "제가 100까지 한번 계산해봐도 돼요?"라고 물었다. 나는 속으로 '힘들 텐데~' 하고 생각했

지만 “그럼 한번 해보렴” 하고 진이를 응원해주었다.

그런데 며칠 후 진이가 내게 내민 연습장에는 2^1에서 2^{100}까지 손으로 직접 계산이 되어 있었다. 그리고 1부터 100까지 2로 나눠서 그 나머지로 2진법으로 다 계산한 숫자가 적혀 있었다.

“으악~~ 이걸 직접 손으로 다 계산해봤니?”

“네.”

“계산기랑 컴퓨터를 사용하지 않고 말이야?”

“네. 그냥 컴퓨터가 2진법의 코드로 만들어졌다고 해서 2진법과 수가 얼마나 커지는가를 보기 위해 2도 함께 계산해봤어요.”

“직접? 혼자서?”

“네.”

“직접 계산해보니 무엇을 느꼈니?”

“2^{100}은 무지 큰 숫자였어요. 생각보다 수가 엄청 큰 수여서 놀랐어요. 그리고 조금 무모하긴 했어도 이런 경험은 평생 안 잊을 것 같아요.”

“그랬구나. 고생했다. 그런데 진아! 매번 이렇게 큰 수를 계산해서 쓰면 얼마나 불편하겠니? 그래서 사람들은 ‘로그’라는 것을 만들었단다. 큰 숫자의 자릿수와 처음 등장하는 숫자가 무엇인지를 알 수 있도록 만든 게 바로 ‘로그’인데, 네가 계산을 해온 2^{100}과 같이 n제곱수의 자릿수를 알 수 있는 거란다. 2^{100}을 로그로 표현하면 100log2가 되고, 이를 계산해보면 네가 계산해온 것처럼 처음 나오는 수랑 몇 자리 수라는 것을 알 수 있단다.”

이렇게 초등 5학년의 아이한테 고등 수학인 지수와 로그까지 설명하게 되었다. 이런 뿌듯하고 특별한 경험을 가진 진이는 수학에 대한 흥미가 생겨 과목 중에 수학을 제일 잘하게 되었다. “한번 해보렴~” 하고 충분히 혼자서 생각하도록 기다려주었던 것이 진이가 수학을 두려워하지 않고 잘하게 된 이유라고 생각한다.

3장

수학 교실에서 성장한 아이들

다른 사람을 빛나게 해주는 이정민

《빅 포텐셜(Big potential)》의 저자 숀 아처(Shawn Achor)는 "개인은 집단을 넘어설 수 없다"라고 하면서 "앞으로는 다른 사람과 관계를 잘 맺는 사람만이 살아남는다"라고 말했다. 숀 아처는 긍정 심리학의 계보를 잇는 행복학의 권위자로, 행복과 성공 잠재력 분야에서 손꼽히는 리더이며 하버드 대학교에서 '행복학 강의'로 늘 인기가 많은 교수다.

그는 혼자서 이루는 성공에는 한계가 있음을 강조하며, 이제는 한 사람이 최고가 되기 위해 애쓰는 것보다 집단에서 서로를 위할 때 더욱더 성공 확률이 높아진다는 것을 '반딧불이'를 통해 얘기하고 있다.

반딧불이에게서 배우는 지혜

수백 마리의 반딧불이들이 암컷을 유혹하기 위해 함께 번쩍번쩍 큰 빛을 내면 이 빛이 암컷에게 전달될 확률은 무려 82%나 된다고 한다. 하지만 혼자서 반짝반짝 빛을 뿜고 있으면 암컷에게 전달될 확률은 고작 3%밖에 되지 않는다고 한다. 그래서 반딧불이는 함께 뭉쳐 다니며 동시에 번쩍번쩍 빛을 발하여 암컷을 유혹한다고 한다.

반딧불이는 이렇게 함으로써 혼자일 때보다 짝짓기에 성공할 확률을 무려 28배나 높일 뿐 아니라 새로운 반딧불이들이 더욱 큰 빛을 발할수 있도록 서로 모여들어 돕는다고 한다. 이렇게 하면 나도, 나의 동료도 함께 짝짓기에 성공할 수 있기 때문이다.

다른 사람들이 빛을 발할 수 있도록 함께 모여들어 빛을 낸다는 것을 읽으면서 '협력해야만 성공이 가능하다'라는 것을 다시 한 번 깨달았다. 남을 진정으로 돕고 남의 성공을 진심으로 기뻐해주는 그런 사람이 4차 산업에서는 강력한 성공 리더가 될 수 있음도 다시 한 번 확인할 수 있었다.

수학을 곧잘 하는 큰딸 정민이가 중학교 때 한 친구와 함께 공부하면서 있었던 일이다.

정민이의 친구는 어머니가 많이 편찮으셨고 집안 형편 또한 넉넉지 못해 늘 기가 죽어 지냈고 부끄러움도 많이 타는 편이었다. 정민이는 그런 친구에게 자기가 배운 수학을 가르쳐주었다. 어려운 형편으로 학원 다닐 엄두조차 못 내는 친구였기에 그 친구에게는 도움이 되었고 정민이는 정민이대로 혼자 공부할 때보다 훨씬 큰 의지와 보탬이 되었다.

두 아이는 중학교부터 고등학교까지 서로를 도우며 공부를 했다. 그 친구는 국어 공부를, 정민이는 수학 공부를 서로 가르쳐주면서 지내는 모습이 참 보기가 좋았다. 특히 우리나라 입시에서는 수학을 잘하지 못하면 명문 대학에 진학하기가 쉽지 않은데, 그 친구를 위해 자신의 시간을 내는 모습을 보고 나는 정민이가 무엇보다 기특했다.

"정민아! 너 공부하기도 바쁠 텐데 친구를 챙기는 모습이 정말 기특하다!"

내가 칭찬해주면 정민이는 "OO는 나한테 국어를 가르쳐주거든요~"라며 밝게 웃었다.

차세대 리더의 조건

친구의 질문에 답을 하기 위해서 더 열심히 공부하는 정민이의 모습이 귀하게 느껴졌다.

이렇게 둘이 서로 가르쳐주고 배우며 열심히 공부하다 보니 성적은 둘 다 상위권에 머물게 되었다. 입시철이 되자 서로가 예민해져 있음에도 끝까지 서로를 도와주는 모습이 늘 대견했다. 그러던 어느 날 정민이가 전화로 말했다.

"OO가 OO대학교에 합격했대요! 너무 기뻐서 전화했어요!"

"그래? 정민아 너도 OO대학에 원서 넣었잖아?"

"아, 저는 떨어졌지요."

정민이의 대답이 워낙 놀라워서(?) 나는 되물었다.

"아니, 넌 떨어지고 그 친구가 되었다는 거야?"

"네. 제 친구가 합격한 게 더 기뻐요."

순간 나도 모르게 '에고 이 바보'라고 할 뻔했지만, 진심으로 친구의 합격을 저렇게 좋아하는 정민이의 따뜻하고 귀한 마음을 읽을 수가 있어서 정민이의 기쁨에 나도 동참했다.

"정민아! 멋지구나! 네가 나보다 정말 많이 훌륭해!"

이후 정민이는 숙명여대에 합격했다. 그런데 대학 입학 후 첫 학기 6개월 동안은 일주일 중 이틀씩 OO대학교에 가는 게 아닌가? 사흘은 숙대, 이틀은 OO대학 수업을 듣는 정민이가 궁금해서 물었더니, 수줍음이 많은 친구가 학교에 잘 적응하도록 돕는 중이라고 했다. 마치 속이 없는 아이처럼 보이는 정민이의 맑고 어여쁜 모습을 보며 난 할 말을 잃었다.

나는 친구를 진정으로 돕고 친구의 성공을 진심으로 기뻐해주는 정민이와 같은 사람이 4차 산업을 이끌어가는 강력한 성공 리더가 될 수 있다고 생각한다. 다른 사람을 빛나게 해줄 수 있는 사람이 그 집단을 더욱 빛나게 할 수 있기 때문이다. 마치 반딧불이처럼 말이다.

이 글을 읽는 부모님들에게 툭 던지는 질문

1. 만약 내 자녀가 정민이와 같은 상황이라면 어떨까?

2. 내 아이의 행동에 진심으로 칭찬을 해줄 수 있을까?

3. 부모의 입장에서는 속 터지는 행동이라고 아이를 나무라지는 않을까?

⊕⊖⊗⊘

'똘끼' 충만한 지존의 대표, 박성주

다음 질문 중 여러분의 자녀들은 몇 번째에 속하는가?

첫째, 하나를 가르쳐주면 다른 열 개를 그냥 알아내는 두뇌를 타고난 천재들!

둘째, 하나를 가르쳐주면 그 하나를 제대로 아는 똑똑한 수재들!

셋째, 하나를 가르쳐주면 엉뚱한 다른 것을 생각해내는 영재들!

보통 남들은 두 번째 성향의 수재 자녀를 둔 부모들을 부러워하는데, 이런 자녀를 둔 부모님들은 아이에 대해 이렇게 말하곤 한다.

"그냥 저 혼자서도 잘해요", "학교에서도 모범생이에요".

이런 말을 종종 들을 때마다 정말 부러울 뿐이다.

엉뚱한 영재들의 집합소

나에게 상담을 하러 오는 부모들은 대부분 세 번째 유형의 영재 자녀를 둔 분들이었는데, 하나같이 상담을 오셔서 아이에 대하여 하소연을 하시곤 했다. 집안에 이런 엉뚱한 영재 아이들을 둔 가정은 심지어 자아가 형성되는 사춘기의 시작과 동시에 아이들과의 전쟁이 시작되어 말 못할 고생을 하는 경우가 많았다. 그도 그럴 것이 어릴 적에 모든 책들을 줄줄 외워 주변의 부러움을 한껏 받아왔던 그 똑똑하고 영특하던 아이가 어느 날부터는 급변해서 저항을 하기 때문이다.

"싫다니까요", "제 일은 제가 알아서 한다고요"라며 아이들은 기존 방식에 대해 강력히 저항하기 시작한다. 이런 일을 처음 겪어보는 부모님들은 처음엔 사춘기라서 그러려니 하고 좀 물러서기도 하지만, 계속되는 반항을 바라보기엔 아이가 살아가는 사회가 너무나도 치열한 경쟁 사회라는 생각에 아이의 방황을 길게 기다려주지 못한다. 그래서 처음에는 아이의 저항을 참아주다가도 시간이 지날수록 아이의 뜻에 맞서 아이를 나무라고 말리다가 결국 사이가 나빠져 상황이 악화되고 만다.

영재학의 권위자인 조지프 렌줄리(Joseph Renzulli) 박사는 영재를 다음과 같이 정의한다.

첫째, 뛰어남.

둘째, 남과 다름.

셋째, 과제 집착력.

이런 영재들 중 내게 상담 오는 많은 아이들은 셋째 유형인 '과제 집착력'을 가진 아이들이다. 이 아이들은 무엇인가를 열심히 하는 수재들과는 달리 자신이 좋아하는 일에만 집착을 보이곤 했다

하루 1,000회 근육 운동이 목표인 아이

나에게 상담을 온 많은 아이들이 셋째 유형의 영재 아이들이었지만 특히 성주는 더욱 그러했다. 성주는 높은 지능과 수학 과목에서 학습 속도가 매우 빠른 아이였다. 하지만 그 외의 다른 일에서는 자신이 납득을 하지 않으면 따르려 하지 않아 기존의 관습과 전통을 거부하고 싫어했다. 그래서 학교나 가정에서 틀에 박힌 전통과 관습 때문에 자주 충동이 일어나곤 했다고 한다.

어린 시절에는 친구들에게 양보하고 다른 사람들이 이야기를 하면 별 문제 없이 잘 받아들이는 순종적인 모습을 보였지만, 초등 5학년 때부터는 다른 사람의 이목과 평판은 전혀 상관하지 않는 태도를 보이기 시작했다고 한다. 다행히 자유로운 가정의 분위기와 부모님의 인내심이 있었기에 성주는 도덕적이고 정직한 모습을 유지하고 있었다.

성주의 부모님과 상담을 진행했다.

"성주는 자아가 강하고 자기주장이 강한 아이입니다. 본인을 무시하거나 강요하는 선생님께는 끝까지 대들고 반항하며 고개 숙이지 않는 아이인 것이죠. 그래서 양육을 하면서 부모와 갈등이 많았어요. 그래도 꾸지람만 하면 역반응이 나올 수 있다는 생각으로 꾸중하고 나서는 반드시 성주와 화해를 했습니다. 하지만 매번 화해를 한 것은 아니에요. 한번은 이런 일도 있었습니다. 제가 너무 화가 나서 때리려고 하니 '때리기만 해보세요. 아동학대로 신고할 거예요' 라는 겁니다."

성주 부모님이 조금은 놀랐다면서 말씀을 꺼내셨다. 나는 충분히 이해할 수 있는 일이라고 말씀드렸다.

"성주라면 충분히 그럴 수 있는 아이지요. 자기주장이 아주 강한 아이니까요."

"예, 맞아요. 한번은 성주가 절권도에 너무나 심취한 경우가 있었어요. 키 크는 시기에 근육운동을 하면 키가 안 자랄 것 같아서 말렸더니 부모 몰래 불 꺼진 침대에서 그날 목표한 근력운동을 하고 있더라고요."

성주 어머니는 성주가 아버지의 반대에도 방에 하루 목표량을 적어놓고 목숨을 걸고 운동을 하고 있었다고 전했다. 그런데 그 목표량이 푸시업 300회, 아령 200회, 윗몸일으키기 500회로, 전문 운동선수에 버금가는 목표치였다.

이것에 대해 성주의 어머니는 이렇게 말씀하셨다.

"성주는 자기 생각이 틀리지 않은데도 부모나 어른들의 권위적인 힘에 눌려서 강요를 받는 것이 참을 수 없었던 것 같아요. 그것을 받아들일 수밖에 없는 이유가 자신에게 힘이 없어서라고 생각한 것 같아요. 아버지의 권위, 즉 그 힘에 도전하고자 하는 상징적인 저항이라고 이해했습니다."

나는 이 말씀을 듣고 크게 동의한다는 뜻으로 고개를 끄덕였다. 성주 어머니 역시 내 마음을 안다는 듯 동의하는 눈빛을 보내시고는 말을 이었다.

"이에 대한 분노와 이길 수 있는 힘을 기르기 위해서는 절권도가 답이라고 생각한 것 같아요. 절권도를 하는 것이 아버지의 권위에 도전하고자 하는 상징적인 저항이라고 말이지요. 그 권위에 도전하려면 역시 물리적인 힘이 필요하다고 생각한 것이죠. 그래서 미친 듯이 절권도에 심취했던 것이 아닌가 싶네요."

납득하면 한다

성주의 저항은 이뿐만이 아니었다. 성주가 외고에 떨어지고 난 뒤의 일이었다. 원하는 고등학교에 들어가지 못한 데다가 아버지의 말을 무시한다는 생각까지 들어, 성주의 아버님이 성주를 크게 혼냈다고 한다. 그런데 그 이후부터 부자 관계가 더욱 소원해지면서 청소년 클리닉에서 상담을 받는 데까지 이르게 되었다.

상담의 설문 문항 중에는 아버지에 대한 이미지를 답하는 내용이 있었는데, 아버지에 대한 저항이 심한 성주는 아버지에 대해 떠오르는 이미지를 말해달라는 문항에 이렇게 적었다고 한다.

"비교적 우수한 유전자를 가졌으나 활용하지 못하는 생물체."

이렇게 저항심이 강한 성주에게도 장점은 있었다. 바로 성주 자신이 납득할 만한 이유라면 이해하고 군소리 없이 따른다는 것이다.

"성주는 한번 이해시키는 게 쉽지 않은 아이지만 이해하고 본인이 납득하고 나면 뜻밖에 순순히 잘 따라주었어요. 그 전까지는 전통과 관습에 따라야 하는 이유가 본인이 납득이 안 되었던 것이지요. 어쩌면 저도 성주가 이해하도록 충분한 인내심을 가지지 못했던 것인지도 모르죠."

성주의 어머니가 말했다.

"맞습니다 어머니. 충분한 이유와 납득이 되면, 성주가 나머지는 본인이 다 알아서 하고 순종도 흔쾌히 하는 멋진 개성파 아이잖아요?"

"예, 맞아요. 그래서 부모를 혼란스럽게 하기도 했지요(웃음)."

"왜 똑같은 질문만 해?"

이를 대표하는 사건이 하나 있었다. 성주가 머리를 어깨 밑까지 길게 기른 일이다. 성주는 자신의 긴 머리칼을 보고 "왜 머리가 그렇게 기냐?"라며 한결같은 질문을 퍼붓는 사람들의 태도에 경악을 했다고 한다. 사람들은 "왜?"라는 천편일률적인 질문밖에 할 줄 모른다며 말이다.

하지만 중학교에 입학을 해야 하는 시기가 오자 머리가 길어 입학을 할 수 없었다. 입학 규정에 맞지 않았던 것이다. 성주는 이 규정에 대해 '머리를 잘라야 하면 자기는 중학교 진학을 안 하겠다'라며 입학을 거부했다고 한다. 성주에겐 '입학 규정'이 납득이 안 되었던 것이다.

그래서 할 수 없이 성주 어머니는 대안학교를 알아보기 시작했다. 하지만 이 문제가 일회성으로 끝나지 않을 것이라는 생각이 들어 거꾸로 성주를 설득하기 시작했다고 한다. 처음에 성주는 "왜 내 머리를 내 마음대로 못하느냐"며 타협의 여지를 전혀 보여주지 않았다고 했다. 하지만 성주에게 "이다음에 군대를 가면 머리는 잘라야 한다. 그게 사회가 공동으로 정한 규칙이다"라며 설득을 하자 '규칙'에 대한 이해를 하고 나서는 할 수 없이 받아들이는 태도를 보였다고 한다.

그래도 머리카락을 자르는 것이 자신의 신체 일부가 잘려 나가는 느낌이 들었는지, 중학교 입학식 한 시간 전에야 비로소 가까스로 미용실에서 머리를 자를 수 있었다고 한다. 성주는 중학교 입학 전부터 선생님들의 감시와 주목을 받으며 입학을 한 셈이 되었다.

이후 '학교의 규정'과 '한국 사회'에 대해 완전히 납득을 한 성주는 자신의 좋은 머리를 사용하여 중학교 3학년 때엔 전교 부회장이 되기도 했다. 전교 부회장으로 역할을 다하는 모습을 본 선생님들은 고집을 피우던 아이였던 성주가 변했다며 놀랐다고 한다.

원하지 않으면 결과도 없다

사실 성주는 머리가 아주 좋은 아이였다. 두 살 무렵에 연상력을 테스트하는 방식으로 IQ 테스트를 한 적이 있는데, 성주는 당시 순서조차 틀리지 않고 그림을 똑같이 얘기했다고 했다. 이뿐만이 아니었다. 한글도 가르쳐본 적이 없는데 어느 날 유치원 원장님이 보던 신문을 가지고 가서 직접 신문을 읽는 모습에 많은 사람들이 놀랐다고 한다.

하지만 아버지의 선택으로 외고를 지원하고 떨어진 성주는 공부를 하는 데 불성실한 모습을 보였다. 문학을 전공한 부모님들과는 달리 성주는 수학과 과학을 좋아하고 관심을 보였기에 어쩌면 원하지 않던 외고 진학 준비에 대한 당연한 반응이었을 것이다. 본인이 선택한 분야는 죽도록 준비해서 결과를 나타내는 아이니까 말이다.

성주와 같은 영재들은 특정 상황을 사진처럼 찍어서 뇌에 저장하는 특징을 보인다. 멘사(Mensa) 교구를 통해 교육해본 결과, 영재들은 한번 가르치면 모든 원리를 습득하고 심지어 나와 대결을 해서도 이길 정도의 능력을 보인다.

반복 학습을 통하여 익숙하게 만들어 모든 부분에 뛰어난 결과를 나타내는 수재들과는 다르게 성주와 같은 영재들은 반복을 싫어하기 때문에 모든 분야는 아니지만 특정 분야에서 두각을 드러낸다. 마음만 먹으면 어떤 분야에서든 1등을 할 수 있는 영재들이기에 노력하는 영재를 노력하는 수재가 이길 수 없다는 말이 있을 정도다.

이런 성주에게 나는 "성주야, 넌 큰 리더가 될 거야. 일단 네가 할 도리를 먼저 한 뒤 남한테 요구하렴"이라고 말하곤 했다. 본인에게 주어진 역할을 잘해야 이것저것 비판하고 따질 자격이 주어진다는 것을 이해시킨 것이다. 이것을 단번에 이해한 성주는 바로 행동으로 보이기 시작했다.

한번은 수학 100점을 맞아오면 요구 사항들을 다 수용해주겠다 했더니 중학교 1, 2학년 내내 100점을 받아왔다. 그 후 나는 기꺼이 성주가 하는 것을 믿어주었다. 이렇게 나를 거스른 적이 없는 순한 양 같은 성주가 나는 귀엽기만 했다.

라스베이거스를 터는 도박사의 꿈

어느 날 성주에게 꿈이 무엇이냐고 물어보았다. 성주는 자신의 꿈은 미국 라스베이거스의 카지노를 점령해서 한 번에 엄청난 돈을 버는 것이라고 했다. 도박 게임 프로그램을 완전히 분석하겠다는 포부였다. 이 꿈은 중학교 때, 친구의 집에서 '섯다'라는 게임을 배우면서 생겨났다고 했다. 친구네 집에서 처음 배운 '섯다' 게임에서 완패했을 때 성주는 일주일 내내 그 게임을 연구해서 결국엔 그 친구를 이겼다고 했다.

성주는 당시 일주일 내내 혼자서 그 게임을 연구하여 완승할 수 있는 방법을 터득했을 뿐만 아니라 그 친구에게 게임의 룰을 다시 가르쳤다고 한다.

이렇듯 성주는 꿈꾸는 스케일 자체도 남달랐고 드라마틱(Dramatic)한 삶을 원하는 아이였다. 성주와 같이 꿈꾸는 스케일이 남다른 아이들에겐 그 꿈이 실현 가능한 꿈인지를 알려주는 것이 필요하다. 또한 당근과 채찍을 동시에 주면서 꿈을 구체화시키고 그 꿈을 자유롭게 펼칠 장(場)을 열어주어야 한다.

순한 양처럼 나를 따르고 자신의 꿈까지 명확한 성주에게 나는 리더가 될 수 있는 자질을 하나 둘씩 가르치기 시작했다. 그중에 하나가 바로 '눈빛'이었다.

'고수의 눈빛'과 '하수의 눈빛'

성주처럼 자아가 강한 아이들은 대부분 자신의 감정을 그대로 표출한다. '표현'보다는 '표출'에 가까운 그 감정들은 자신들이 생각하는 부당한 대우에 대한 저항을 드러낸다. 하지만 성공하는 사람들이나 높은 자리, 즉 리더의 자리에 있는 사람들은 '표출'을 하지 않아도 상대방을 제압하거나 위압감을 느끼도록 할 수 있다.

실제로 싸움에 강한 사람들은 결코 큰 소리를 내지 않고 상대를 제압하는 것을 쉽게 볼 수 있다. 고수들은 늘 온화한 눈빛으로 웃음을 짓고 있다. 눈에 힘을 빼니 광대뼈가 들어가며 저절로 편안해 보이는 표정을 짓게 되는 것이다. 그러나 상황이 오면 표정과 그 아우라에서부터 상대방에게 위압감을 줄 수 있다. 큰 소리를 내거나 큰 동작을 하지 않아도 말이다.

반대로 대부분의 하수들은 어깨와 눈에 늘 힘을 주고 온갖 폼을 재고 다닌다. 항상 눈에 힘을 주고 다니다 보니 눈의 시신경이 아래로 쏠려 광대뼈가 나오게 되고 인상까지 험악해진다.

영화나 드라마를 보아도 그러하다. 험악한 인상의 하수들은 눈에 온갖 힘을 주고 싸우게 되나 고수들은 말 한 마디, 미소 한 번으로 상대를 제압하는 경우를 종종 볼 수 있을 것이다. 그렇기에 주요한 문제의 해결이나 결정은 고수가 하게 되며 대부분의 성과물은 고수의 몫이 되는 것이다.

고수(高手)의 눈빛	하수(下手)의 눈빛
• 편안한 느낌(눈에 힘을 주지 않음)	• 불편한 느낌
• 눈에 힘을 주지 않는다.	• 눈에 힘을 준다.
⇒ 늘 웃음을 짓는다.	⇒ 눈에 빛이 난다. 째려본다.

이런 사실들을 성주가 이해할 때까지 알려주었다. 그리고 성주는 우선 자신의 감정을 조절하는 훈련을 하기로 했다. 한 박자 느리게 반응하기를 시작으로 큰 소리보다 차분하게 말하기, 눈 부릅뜨지 않기 등의 습관을 하나씩 고쳐나갔다.

본래 미국의 라스베이거스를 점령하는 것이 자신의 꿈이라고 이야기할 정도로 진취적이었던 성주는 이러한 과정을 통해 다른 사람들의 의견을 받아들이고 자신의 뜻을 관철시킬 수 있는 정리된 '리더십'을 갖추게 되었다.

'리더십'을 갖춘 성주는 고등학생이 되자 전교 부회장이 되었으며 성적 또한 전교에서 3등을 할 정도로 향상되었다. 이제는 실력과 자질을 모두 갖춘 리더가 된 성주의 앞날이 기대된다.

수학적 감각으로 디자인하는 임정필

마크 로스코(Mark Pothko)의 추상화 〈화이트 센터(White Center)〉(1950)는 2007년 뉴욕에서 7,284만 달러(약 800억 원)라는 어마어마한 금액에 낙찰되었다. 세상에서 가장 비싼 그림 100점 중 여섯 점이 마크 로스코 작품이다. 러시아에서 출생한 유대인인 마크 로스코는 복잡한 감정을 절제된 색면으로 표현한 화가로 유명하다.

점, 선, 면의 가치

이우환 화백은 70년대의 〈선〉, 〈점〉 시리즈를 시작으로 80년대에 〈바람〉, 90년대 이후 〈조응(Correspondence)〉시리즈 등 시대별로 다른 작품을 선보였다. 이 화백의 〈선〉 시리즈는 IMF 이후 값이 네 배 가까이 올랐다. 1985년에 그려진 〈East Winds(동풍)〉는 〈바람〉 시리즈의 특징을 담아내며 서울 옥션 홍콩 경매에서 1,350만 홍콩 달러(한화 약 20억 6,050만 원)에 낙찰됐다.

현대 미술은 19세기 중반부터 본격적으로 등장했고 위 두 화가의 그림들처럼 그림을 사실적으로 재현하는 것보다 추상적이며 관념적인 것들을 중요시하게 되었다. 특히, 점·선·면 색의 아름다운 조화나 소리, 촉감, 냄새와 같은 요소를 그림으로 얼마나 표현하느냐가 미술에서 더 중요한 가치로 여겨지게 되었다.

고작 선 하나가 있는데 그림의 가치가 수백억 원이라니, 내 상식으로는 현대 미술의 가치를 평가할 수가 없었다. '맨 위에는 노란색으로 가운데는 흰색 그리고 가장 아래에 분홍색으로 넓은 면이 나란히 붙어 있는 것뿐인데……' 하는 생각뿐이다. '저 정도면 나도 그릴 수 있겠다'라는 생각이 들 만큼 특별한 재능이 없어도 만들 수 있을 것 같아 보이기도 한다.

형식의 파괴가 중요하다

그렇다면 미술품의 가격이 비싸게 매겨지는 요소는 무엇일까? 현대 미술이 쉬워 보일 수 있지만 사실은 아마추어인 내가 처음으로 그리기에는 매우 어렵다는 것을 알게 되었다. 추상화 같은 경우 기존에 없던 생각을 그림으로 옮겨놓은 것이기 때문에 보면 누구나 그릴 수 있는 그림이지만, 이 그림을 보기 전엔 아무도 그릴 수 없기 때문이다. 누구도 생각하지 못했을 때 그런 그림을 그렸다는 점이 높게 평가받는 요소인 셈이다.

현대 미술에서 작품을 평가하는 기준은 작가의 아이디어, 개념, 태도라는 사실은 익히 알려진 바다. 따라서 작가는 물감 대신 다양한 재료를 활용해 작품을 표현한다. 이는 기존의 고정관념을 파괴하여 어떤 방식으로 새롭게 표현하느냐의 문제에 방점이 찍히는 것으로, 현대 미술의 추상성이 지향하는 지점이기도 한다.

특히 요즘은 동·서양화의 구분이 없이 영역을 넘나드는 그림들은 많이 보게 되는데, 그래서인지 그런 그림들을 볼 때마다 김환기 화가처럼 세계적인 거장들이 많이 나오기를 또 한 번 기대하게 된다.

"미술 학원이나 보내주지 왜 수학 학원인데?"

어느 날 토실토실한 모습이 귀여운 중학생 정필이가 엄마 대신 이모 손에 이끌려 학원으로 끌려왔다. 정필이 이모는 바쁜 언니를 대신해 언니의 외동아들을 데리고 상담을 온 터였다. 같이 온 정필이는 "내가 왜 굳이 수학 학원을 다녀야 하느냐?", "미술학원이나 보내주지"라며 불만에 가득 찬 모습이었다.

그런 정필이에게 질문을 던졌다.

"정필아! 너 그림 그리는 것을 좋아하는구나!"

“네. 그런데 엄마는 남자 녀석이 그림이나 그리고 있다고 싫어해요.”

“그래? 왜 그림 그리는 것을 싫어하실까?”

“그림 그리면 가난하고 힘들게 살아간대요.”

“정필이는 그림 그릴 때 행복하니?”

“네. 그림 그릴 동안은 아무 생각이 안 들 정도로 기분이 좋아요.”

그림에 대한 정필이의 애정(?)을 확인한 나는 정필이에게 한 가지 제안을 했다.

“그러면 네가 그동안 그렸던 그림을 한번 가져와볼래?”

“알았어요.”

며칠 뒤 정필이가 가져온 스케치북에 그려진 그림들을 보며 난 감탄을 했다. 상당히 수준이 높은 멋진 그림들이었다. 나는 외아들이 그림쟁이가 되는 것을 싫어하시는 정필이 어머님을 오시라고 했다.

정필이 어머님께 나는 정필이가 공부로 성공하는 것보다 그림으로 성공하는 것이 더 빠를 것 같다며 오랜 시간 동안 설득을 했다. 그리고 정필이에게는 현대 미술의 거장들이 그린 그림들을 보여주면서 그림에 수학이 얼마나 많이 녹아들어 있는지를 설명해주었다. 또 정필이의 재능에 수학적인 감각을 덧입혀주기 위해 수학 학원도 다니고 미술 학원도 다니라고 권했다.

자기만의 방법으로 멘사 테스트에 합격하다

내 제안을 받아들인 정필이는 하루가 다르게 성장해갔고, 수학 실력 역시 놓치지 않고 열심히 잘 따라와주었다. 수학 문제를 보면 그림으로 요약을 하고, 고난이도의 긴 수학 문제를 그림으로 표현해 정리하며 풀어갔다.

그렇게 문제들을 시각화시키면서 정필이만의 방법으로 수학을 배워가니 성적 또한 놀랍게 향상되었다. 정필이는 명문대에 지원할 만큼 수학 성적이 상위권에 접어들게 되었다. 좋아하는 그림을 더 잘 그리기 위해 수학 공부를 열심히 했더니 수학 공부와 그림, 두 마리 토끼를 잡을 수 있었던 것이다.

나는 정필이에게 수학과 그림을 잘하니 도형으로 문제가 나오는 멘사 테스트에 도전해보라고 권했다. 정필이는 당연히 자신이 키운 감각으로 멘사 테스트에 당당히 합격했다.

이렇게 자기가 좋아하는 일을 더 잘하기 위해 필요한 것들을 배울 때는 가속도가 붙어 일취월장할 수 있다. 부모님의 뜻과 맞지 않는다고 무조건 막는 것이 아니라 아이가 원하는 것을 충분히 지지해주면, 아이는 자신이 원하는 것을 위해 다른 공부의 필요성을 느끼면서 하게 된다.

정필이는 지금 한국예술종합대에 다니고 있다. 정필이가 수학적 사고력으로 그림을 그리고 세상을 빛내기를 기대해본다.

논리적 언어의 주인공, 이주신

'내적 통제'란 자기 스스로 목표를 세워서 꼭 이루고자 하는 의지를 보이며 그 성과에 대해 좌절하거나 기뻐하는 내면의 세계를 이야기하는 것이고 '도덕 기준'이란 습득된 지식하에 올바르다고 생각되는 기준을 세우고 이를 지켜나가고자 하는 힘을 말한다.

'내적 통제'와 '도덕 기준'이 있는 아이들은 대개 '애늙은이 같다' 라는 소리를 듣게 된다. 철이 없는 친구들의 행동을 지적하여 마치 어른스러운 행동으로 또래 친구들을 이끌어가려 하기 때문이다. 하지만 이런 아이들의 지적은 다른 친구들에겐 엄마나 선생님과 다를 바 없는 '재수 없는 잔소리꾼'으로 비치기 쉽다.

'애늙은이' 친구의 바람

이런 유형에 속하는 학생이 있었다. 바로 이주신이었다. 주신이는 돋보기처럼 두꺼운 안경을 쓴 채 다른 사람과는 눈도 잘 마주치지 않았다. 이런 주신이의 첫인상은 '뚱하다'였다.

이러한 외모와 잘 웃지도 않는 성격 때문에 중학교 2학년이 되도록 주신이는 학교나 학원에서 친구 없이 늘 외톨이였다. 늘 조용히 무엇인가를 읽고 있는 아이였고 다른 친구들 역시 이런 주신이에게 별 관심을 보이지 않았다.

그런 주신이는 대부분의 시간을 혼자서 책을 읽는 데 할애했다. 그래서인지 주신이는 또래보다 어휘 수준이 월등히 앞서 있었고, 다양한 장르의 책을 읽는 습관 덕분에 비판적 사고 역시 매우 뛰어났다. 어린 시절에도 보통 아이들이 하는 모방 언어의 수준이 아니라 단어의 의미를 묻고 요구했다고 하니, 독서 수준과 사고력 수준이 남다른 아이인 것은 분명했다. 게다가 일본어는 누군가에게 배운 적이 없었는데 중학생의 신분으로 독학하여 2급 시험을 통과하고 1급 시험을 준비 중이라고 했다.

주신이를 보면 언어 영재들에게서 보이는 특성들을 발견할 수 있었다. 또래보다 월등한 어휘력과 사고 능력 그리고 앞에서 말한 '내적 통제'와 '도덕 기준'이 있는 것을 볼 수가 있다. 하지만 이러다 보니 친구들의 따돌림 속에서 주신이는 상처를 입기 시작했다. 그래서 더욱 자기 자신을 지키기 위해 책 속에 빠져 살았다. 이런 주신이의 어머니께서는 주신이에 대해서 다음과 같이 이야기해주셨다.

"주신이는 집안 내력으로 시력이 안 좋아 어린 시절에 눈 수술을 하면서 세상과 자신과의 차별을 느끼게 된 것 같아요. 눈이 나빠 몸으로는 친구들과 함께 뛰어놀 수 없었기에 책을 접하게 되었지요. 특히 시각장애인인 아버지가 다방면의 책을 좋아하는 것도 영향을 끼친 것 같아요."

나는 주신이 어머니의 이야기를 듣고 생각난 것이 있어서 이렇게 말씀드렸다.

"앞으로 주신이를 공개적으로 아이들 앞에서 칭찬해줄 필요가 있겠네요."

"집에서는 많은 칭찬을 해줍니다만 최대한 주신이를 객관적으로 보려고 노력하지요."

주신이 어머니는 조용히 웃으시며 주신이의 변화를 조심스레 기대해보고 싶다고 말씀하셨다.

설득이 쉽지 않은 아이

영재 아이들에겐 특징이 하나 있는데, 대부분의 아이들이 '오만한 태도'를 보인다는 것이다. 이런 특징이 당연하게 주신이에게도 나타났다. 주신이는 항상 높은 수준의 단어를 사용하여 대화를 했고 어린 나이임에도 신문 사설을 보며 또래 아이들이 갖는 관심에는 별 흥미를 느끼지 않았다.

대신 다양한 장르의 책과 신문 등을 읽다 보니 같은 주제에 대해서도 다양한 각도로 생각해볼 수 있는 능력을 가지고 있었고, 식탁에서 아버지와 대화를 나누며 분석하다 보니 비판적 사고도 뛰어났다.

학교 선생님들의 평가서에는 "언어로서는 감당을 못하고 설득도 쉽지 않은 아이"라고 적혀 있었다. 하지만 '감정적 교감'이 또래의 아이들에 비해 떨어져 있었기에 주신이는 다른 사람들과 쉽게 친해지거나 교류하는 데 어려움을 느끼고 있었다.

나는 사고와 어휘 수준은 어른인 주신이를 보며 10대 아이의 눈높이에 맞게 교감만 한다면 절대로 다루기 어려운 아이가 아닐 것이라고 확신했다. 물론 때때로 공격적인 언어를 사용하는 모습을 보이기도 했지만 비판적 사고가 발달된 아이들에게 객관적 사실을 갖고 접근하면 사실에 대한 이해와 판단이 빠르듯이, 주신이 또한 그렇게 접근하면 자신의 태도를 고쳐나갈 수 있으리라 믿었다. 게다가 주신이는 한마디를 하면 유머러스하게 맞받아칠 수 있는 재치가 넘치는 아이였다.

주신이의 유머와 재치는 글을 쓸 때 빛을 발했다. 초등학교 3학년 때 쓴 글만 보아도 주신이의 언어 영재성을 짐작할 수 있다.

과일의 자식이 뭐더라?

아침 밥상을 물리고 엄마가 사과를 깝니다.

"얘들아 사과 먹자"

첫째, 셋째는 달려들어 먹는데 책 삼매경에 빠진 주신이는 오지를 않습니다.

"저는 사과 싫어해요."

"너, 사과가 과일의 왕이라는 것 몰라?"라며 아빠가 말하시네요.

"과일의 여왕이 뭔지 가르쳐주면 먹을 게요"

통 오지 않을 생각입니다.

"주신아, 과일의 동생이 뭔지 알고 있으면 안 먹어도 돼!"

"앗! 동생은 모르는데."

아빠의 강한 펀치가 재미있어진 엄마도 말합니다.

"주신아, 그럼 과일의 자식은 뭐냐?"

"그거야 씨앗이죠!"

엄마의 일격을 쉽게 물리친 주신이가

마지못해 사과를 먹습니다.

'자칼의 언어'를 쓸 것인가 '기린의 언어'를 쓸 것인가

이런 멋진 주신이를 위해 했던 훈련이 바로 '자칼 언어'와 '기린 언어'였다. '자칼 언어'란 일명, '자~ 칼 받아라!'라는 식의 언어로 상대방의 단점과 부족함을 자기 나름대로 해석해서 함부로 이야기하는 언어의 형태다. '자칼 언어'를 가진 사람은 자신에겐 관대하고 남에게는 엄격하여 타인에게 말로써 칼을 꽂는 경우가 많다. 인터넷의 악플이 대표적인 예다.

'기린 언어'란 '인격 언어' 또는 '품격 언어'로 상대방의 인격을 존

중하면서 배려하는 것을 말한다. 자신의 생활이나 사회에서 성공을 거둔 대부분의 사람들은 이러한 '기린 언어'를 사용하는 경우가 많음을 볼 수가 있다. "말 한마디로 천 냥 빚을 갚는다"라는 말이 '기린 언어'에 해당한다.

자칼의 특징	기린의 특징
• 무리를 지어 다니지만, 서로를 사랑하지 않음	• 무리를 지어 다니며, 서로를 사랑함
• 점점 사라지고 있음	• 다산으로 종족을 보존하고 있음
• 위계질서를 너무 중요시 여김	• 유대 관계를 잘 맺으며, 멀리 바라봄
• 몹시 분주함	• 느긋함
• 먼저 싸움을 검	• 먼저 싸움을 걸지 않음
• 땅을 바라봄	• 하늘을 바라봄
• 빈곤의 심리	• 풍요의 심리
• 타인이나 자신을 비난함	• 자신의 느낌과 욕구에 대한 책임을 인정함
• 요구와 강요를 함	• 요청을 함
• 선택적으로 듣는 태도	• 공감하며 듣는 태도

* 출처 : 아하가족성장연구소

주신이와 여러 이야기를 해보면서 친구들이 꺼리는 주신이의 언어에 대해 파악을 해보았다. 그다음으로 주신이의 안 좋은 언어 습관들을 조금씩 수정하고 정리해주었다. 그러면서 주신이는 조금씩 자신의 언어 습관을 고쳐 나가게 되었다.

주신이는 친구들과 이야기하는 자리에서 친구들을 지적하는 말들을 꾹꺽 참기도 하고 친구들의 이야기를 먼저 가만히 잘 들어주는 모습을 보여주었다. 그러다 보니 차츰 주신이를 가까이 하려는 친구들이 생겨나게 되었다. 이후 주신이는 고등학교 생활이 무척 즐거워졌다고 한다. 이런 이야기를 하며 환한 웃음을 짓는 주신이의 모습이 더할 나위 없이 편안하고 평화로워 보였다.

이 글을 읽는 부모님들에게 툭 던지는 질문

1. 부모/자녀의 언어는 '자칼 언어'인가 '기린 언어'인가?

2. 비판적 사고를 가진 자녀에게 어떤 반응을 보일 것인가?

⊕⊖⊗⊘

말하는 버스 정류장을 만든 이승정

한국의 대중교통은 전 세계 최고의 시스템을 자랑한다. 기다리는 승객들을 배려해 버스 도착 시각이 전광판에 표시되며, "이번에 도착할 버스는 OO번입니다"라는 음성 메시지도 그때그때 지원된다.

이런 시스템이 실행되기 전에는 버스를 이용하는 승객들이 많은 불편을 겪어야 했다. 그런데 이 '말하는 버스 정류장'이 중학교 3학년 아이의 아이디어에서 탄생한 것을 아는 사람은 그다지 많지 않다. '말하는 버스 정류장'은 내 아들 승정이가 중3 때 기획해서 만든 작품이 발전해 오늘날 실행에 이르게 된 것이다. 그래서 나는 버스 정류장에 설 때마다 자랑스럽게 전광판을 쳐다보며 속으로 혼자 중얼거린다.

'아들아! 참 잘했단다. 이렇게 사람들이 편리하게 사용하고 있잖니?'

두 시간 걸려 로봇을 배우러 다니던 열 살 아이

아들 승정이는 초등학교 3학년 때부터 본격적으로 로봇에 관심을 보였다. 우연히 국립과학관에 놀러갔다가 아마추어 로봇 협회에서 주관하는 로봇 만들기에 참여했는데, 결국에는 인천보다 더 먼 곳에 있던 로봇 협회까지 쫓아가 배우기 시작했다.

하지만 그 당시 막내딸인 현경이가 태어나자마자 심장병으로 병원 생활을 해야 했기에 승정이를 쫓아다니며 뒷바라지를 해줄 수 없었다. 결국 아이를 그 먼 데까지 혼자 다니도록 보낼 수밖에 없었다. 그때는 서울에서 인천까지 대중교통이 잘 되어 있지 않아 두 시간이 넘게 걸렸다. 막내딸을 돌보느라 바빴던 나는 이 사실을 몇 해가 지난 뒤 알게 되었다.

너무나도 어린 나이였던 승정이는 어른도 다니기 힘든 거리를 그저 로봇을 좋아한다는 이유로 혼자서 씩씩하게 다녔던 것이다. 그러나 승정이는 좋아하는 로봇을 만드는 일에 즐거워할 뿐이었다. 온갖 로봇들을 만들기 시작하면서 승정이는 집에 오면 만들었던 로봇을 다시 분해해 만들어놓고, 이를 자랑하면서 연신 로봇에 대해 설명하느라 바빴다. 그런 아들의 모습이 나는 대견하기만 했다.

나중에 승정이가 포트폴리오를 만들면서 책 표지에 "나의 삶=로봇"이라고 써놓은 것을 보고 한 번도 함께 따라가주지 못했다는 생각에 가슴이 아파 속으로 눈물을 흘리고 말았다. 정신없는 생활 속에서 아이에게 신경을 써주지 못해 미안한 마음이 무엇보다 컸다. 그러나 고맙게도 승정이는 그런 상황에서도 꿋꿋하게 자신이 좋아하는 로봇 만들기에 시간을 보내며 즐겁게 몰입해주었다.

로봇으로 이룬 밝은 세상

승정이의 로봇 사랑은 이후로도 10년간 이어졌다. 로봇에 빠져 지내던 승정이가 중3이 되던 해였다. 서울 효자동에 살고 있었던 우리 집 근처에는 '서울 맹아 학교'가 있었다. 승정이는 학교를 오가는 중에 시각 장애우 학생들을 많이 마주쳤다. 이들을 보던 승정이가 어느 날 맹아학교를 찾아갔다고 했다.

"승정아! 왜 맹아학교를 찾아갔니?"

"설문 조사를 하려고 친구랑 갔었어요."

"아 그래? 시각 장애우들을 만나서 어떤 조사를 했는데?"

"그 친구들을 보니 버스를 제대로 못 타서 늘 주변 사람들한테 묻더라고요. 그래서 그 불편함을 좀 더 자세히 알아보려고 갔어요."

"아, 그래? 무엇을 물었는데?"

"버스 탈 때 가장 불편한 게 무엇이냐고 물었어요. 그랬더니 타야 할 버스가 오는 것을 알 수가 없어서 매번 옆 사람에게 묻는 게 가장 불편하다고 했어요. 그러면서 정류장에서 미리 몇 번 버스가 온다고 얘기해주면 좋겠다고 했어요."

그렇게 승정이가 중3 때 설문조사를 해서 설계했던 것이 바로 '말하는 버스 정류장'이었다. 승정이는 이 아이디어를 고1 때 로봇으로 만들어 과학기술부 장관상과 국제로봇올림피아드에서 2등 상을 받았다.

제 19028 호

상 장

금 상 팀명 : 포세이돈
창작부문 서울경복고등학교
중고등부 김윤현, 이승정

귀하는 과학기술부가 후원하고 한국과학문화재단 · (사)대한로봇축구협회가 공동으로 주최한 제8회 국제로봇올림피아드 전국대회에서 위와 같이 입상하였기에 이 상장을 드립니다.

2006년 8월 15일

부총리 겸 과학기술부장관 김 우 식

THE 8TH INTERNATIONAL ROBOT OLYMPIAD

Presents a Silver to Team: Poseidon
Students: LEE SEUNGJUNG Section: Challenge Creative Category

For Their Outstanding Scientific Spirit and Creativity in the Category

승정이가 받은 과학기술부장관 중고등부 금상(왼쪽)과
제8회 국제로봇올림피아드에서 2등을 수상한 상장(오른쪽)

물론 국제 대회 참가를 위한 비용을 마련하기가 어려웠고 무엇보다 이후에 특허 유지를 위한 비용을 내기조차 어렵던 시절이라 특허를 못 걸어놓았던 것이 지금 생각해도 아쉬운 일이지만, 조금 더 나은 세상을 위해 노력한 승정이의 마음과 시각장애인들을 생각한 따뜻한 마음은 그 무엇보다도 값진 것이기에 그 어떤 상보다 훨씬 컸다.

느긋하게 성장해갈 수 있도록

10대 청소년기에 누군가를 위해 헌신하게 한 점은 승정이를 크게 성장시킨 계기가 되었다. 지금 승정이는 한양대학교 공대 석사과정에 다니고 있다. 최근에는 글로벌 핵심인재 양성 사업의 일환으로 해외 연구 및 위탁 교육 파견 대상자에 선정되기도 했다.

10년 동안 로봇에 빠져 지냈던 승정이는 학업보다는 자신이 좋아하는 로봇을 했기에 성적이 아주 좋지는 않았다. 어쩌면 내가 너무 바빠 아들을 챙기지 못한 점이, 아들이 중요한 시기에 학업에 집중하지 못하도록 한 것일 수도 있다. 하지만 승정이가 시각장애인을 위해 만들고자 했던 그 귀한 시간들은 결코 없어지지 않는다. 또한 그 10년의 시간이 있었기에 지금의 승정이가 된 것이라고 나는 생각한다.

헬리콥터 부모니 자식 컨설턴트니 하며 자녀의 일거수일투족에 개입하고 간섭하는 부모가 많아진 시대다. 결과를 빨리 기대하고 좋은 성과만을 좇는 세태도 분명히 존재한다. 학생도 부모도 저마다 다급하고 조바심만 내는 것이다.

하지만 아이에겐 좀 떨어져 지켜봐주고 응원해주는 부모가 가장 좋다고 생각한다. 조금은 돌아가더라도, 조금은 멀리 가더라도 아이가 스스로 길을 찾고 자신에게 가장 잘 맞는 길로 가는 게 가장 좋은 아이의 미래가 될 것이라 믿는 까닭이다.

부디 우리 아이들이 천천히, 느리게 걸으면서 많은 것들을 놓치지 않고 자라나기를 바라는 마음이다.

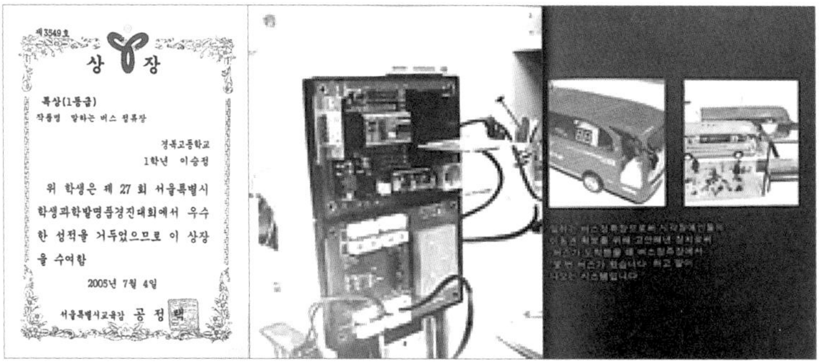

승정이는 음성합성기(TTS)와 수신부(Rx)를 장착시켜 버스와 송수신할 수 있는 스피커를 만들어 서울특별시 학생과학발명품경진대회에서 특상(1등급)을 받았다. 스피커에는 Rx와 TTS, CPU, 12V배터리도 장착시켰다. 말하는 버스 정류장 아이디어는 시각장애인들의 이동권 확보를 위해 고안해낸 것으로 버스가 도착했을 때 버스 정류장에서 "몇 번 버스가 왔습니다" 하고 말이 나오도록 했다.

이 글을 읽는 부모님들에게 툭 던지는 질문

1. 공부 외에 어떤 일을 10년 동안 하게 그냥 내버려둘 수가 있을까?
2. 아무리 자녀가 좋아한다고 해도 공부랑 전혀 상관이 없다면 나는 자녀에게 어떻게 행동할까?

인도네시아의 백종원, 전병준

인도네시아에는 한국의 매운 맛을 전파하는 '짜베보이'가 있다. 바로 인도네시아의 리틀빅 히어로 전병준이 그다. 우리 말로 '고추보이'라는 별명을 가진 그가 거리에 떴다 하면 사람들은 사진은 물론 사인 요청까지 할 정도로 전병준의 인기는 매우 높다고 한다. 자카르타의 인기인이라는데, 과연 그의 정체는 무엇일까?

처음 봤을 때부터 남달랐던 아이

병준이의 이야기가 TV 뉴스에 소개되었을 때 나는 얼마나 행복했는지 모른다. 나의 애제자인 병준이가 인도네시아에서 백종원 씨처럼 유명하다고 하니 말이다.

나는 병준이가 메신저로 간간히 보내오는 소식을 들으며 기특하면서도 '역시는 역시다' 하는 생각을 했다. 병준이를 처음 봤을 때부터 이 아이는 무엇을 해도 성공하겠구나 하는 확신이 들었기 때문이다.

중학교 1학년 때 학원에 온 병준이는 다른 아이들과는 많이 달라 보였다. 호기심이 가득한 눈은 늘 반짝거렸고 툭툭 던지는 농담이나 가끔씩 보여주는 두뇌 플레이는 중학교 1학년짜리의 아이가 보여주기란 놀라운 것들이었다.

하지만 그 호기심들이 공부로 향하지는 않아서 공부에는 별 관심이 없었고 더욱이 수학에는 젬병이었다. 그렇지만 공부를 못해 주눅이 들어 있는 다른 아이들과는 달리 병준이는 늘 밝고 긍정적이며 자존감이 살아 있었다.

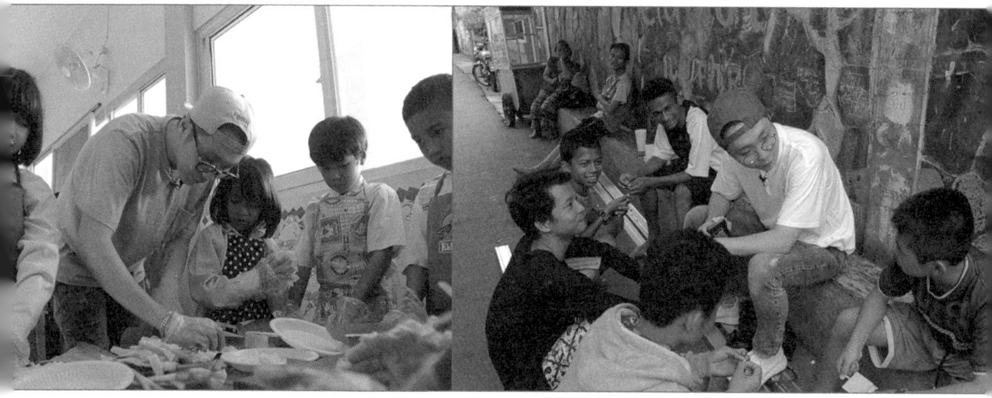

"인도네시아의 고추 보이 전병준"
* 출처 : 〈tvN 리틀빅 히어로〉 (2018. 09. 13.)

병준이의 부모님은 두 분 다 자녀를 지도하는 데 훌륭하신 분들이었다. 평소 공부에 관심이 없던 병준이가 친구를 따라 학원을 가겠다고 하니 반신반의하며 딸려 보내신 것 같았다.

그렇지만 내가 보기에는 병준이에겐 무한한 가능성이 보였고 공부 빼고는 성격과 호기심 모두가 다 괜찮은 아이였다. 그래서 그날부터 아이에게 관심을 가지고 지도하기 시작했다. 하지만 워낙 공부에 관심이 없었고 어디로 튈지 모르는 천성을 지녔기에 공부에 몰입시키기가 쉽지 않았다.

삼겹살 굽는 수학 학원

그러던 어느 날이었다. 하루는 시험이 끝나서 학원 옥상에서 삼겹살 파티를 벌였다. 파티를 위해 음식을 준비하고 고기를 구우려는 그때 병준이가 나섰다.

"제가 한번 해볼게요."

병준이는 말이 떨어지기가 무섭게 삼겹살에 여러 채소를 꼬치에 끼우더니 다양한 방법으로 굽기 시작했다.

"와우, 병준아! 넌 정말 고기를 잘 굽는구나!"

거기 모인 모든 사람들이 감탄하며 병준이 칭찬을 한 기억이 아직도 강렬히 남아 있다.

요리를 하는 데 자신감이 높아진 병준이는 그 후로 학원에 오면 종종 라면을 끓이고 이런저런 음식을 만들어 보여주었다.

병준이의 부모님께서는 막내아들이 수학 학원에만 가면 요리를 한다고 하니 걱정을 하기도 하셨지만 학원 가는 것을 재밌어 하는 아이를 보며 무려 6년 동안이나 꾸준히 학원을 보내셨다. 이렇게 수학에는 전혀 관심도 없고 성적도 오르지 않는 자녀를 끝까지 맡겨주신 병준이의 부모님께 지금이나마 뒤늦게 감사의 인사를 드리고 싶다.

양파 20자루를 다 까며

이 일이 있은 후로 병준이는 본격적으로 요리에 관심을 갖기 시작했다. 하지만 이를 탐탁지 않아 하셨던 병준이의 부모님은 어느 날 날을 잡아, 학교 급식실에서 양파 20자루를 한꺼번에 까도록 시켰다.

그런데 병준이는 그 많은 양파 까기를 거뜬히 버텨내는 것이 아닌가? 나에게 "고생을 시키면 요리를 때려치운다고 하겠죠?"라고 말하며 기대했던 병준이 부모님의 계획은 틀어지고 말았다.

병준이는 눈물 콧물을 다 흘리면서도 너무나도 재미가 있다며 조잘조잘 양파 깐 이야기를 해주었다. 결국 병준이는 수학 학원을 다니는 동시에 요리 학원에도 다니게 되었다. 학원에 오면, 병준이는 언제나 요리 학원에서 배운 요리 이야기를 해주며 재료를 사와 맛을 보여주었다.

이런 병준이에게 나는 늘 제자리걸음인 수학 성적 대신에 수학적 사고 능력에 대해 자주 이야기를 해주곤 했다. 요리하는 것을 자칫 단순노동이라고 생각하기 쉽지만, 수학적 사고 능력이 있으면 다양한 방법으로 요리가 가능함을 일깨워주었다. 또한 수업이 끝난 뒤에 병준이가 했던 요리 이야기를 들으면서 감탄과 지지를 해주곤 했다.

"쌤!! 저는 수학 학원에 와서 수학은 별로 배우는 게 없는데 왜 꼬박꼬박 학원비를 다 내야 합니까?"

병준이가 볼멘소리로 농담을 할 때마다 나는 이렇게 대답했다.

"병준아! 너는 배운 수학이 없다고 생각하겠지만, 너도 알게 모르게 수학적 사고 능력을 배우고 있단다. 요리를 할 때에도 이 능력이 매우 필요하기 때문이야."

병준이는 인도네시아 학교에서 한국 요리를 선보이기도 한다(왼쪽).
오른쪽 사진의 인물은 인도네시아의 조코 위도도(Joko Widodo) 대통령이다.

이런 병준이와 상담을 하며 "너의 요리를 통해 그 누군가가 위로받고 가슴이 따뜻해지길 바란다"고 부탁했던 적이 있었다. 병준이는 그 부탁 그대로 자신의 따뜻한 마음이 그대로 묻어나 있는 요리들을 선보여주었고 지금은 멋지게 성공해서 자카르타의 유명 인사로 즐겁게 요리하며 살고 있다. 앞으로 더 멋지게 성장할 병준이를 기대해본다.

2부

이렇게 하면 수학이 즐거워진다!

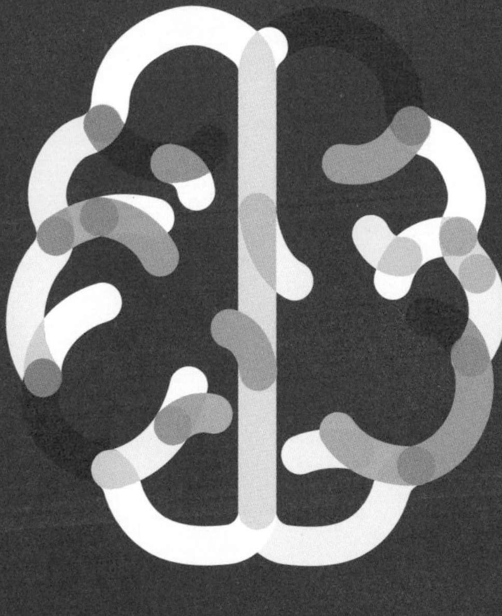

1장

수학으로 교실을 흔들자

깍두기와 형님들

수학 학원을 처음 시작할 때에 학원가의 선배님들은 이런 충고를 해주었다.

첫 번째, 수학 학원은 학년을 섞어놓지 말 것.
두 번째, 학원 입학 테스트를 어렵게 해서 우수한 학생을 모을 것.
셋 번째, 교통이 좋은 위치에 자리할 것.

선배들은 이 세 가지를 나에게 일러주며 신신당부했다. 첫 번째 당부의 이유는, 수학 학원의 학년을 섞어놓게 되면 자칫 고학년 학생은 자존심이 상해 힘들어하고 저학년 학생은 수학에 대한 우월감으로 시간방지게 되어 학원 분위기가 안 좋아진다는 것이었다.

두 번째 당부의 이유는 우수 학생이 모여야 학원이 계속 성업할 수 있다는 것이었다. 내가 학원을 시작할 때만 해도 잘나가는 명문 학원들이 입학시험을 무지 어렵게 해놓아서 학부모와 학생의 기를 아예 초장에 확 잡아 두려움의 마케팅으로 학원을 운영하던 시절이었다. 게다가 우수한 학생들은 조금만 가르쳐줘도 스스로 성적을 올리고 성과를 낼 수 있었고 학부모들 역시 공부 잘하는 학생이 다니는 학원을 다니고 싶어 하는 게 인지상정이라 이 당부 역시 100% 동의하는 마땅한 조언이었다.

세 번째 이유는 교통이 좋아야 학생이 많이 모인다는, 아주 당연한 상권의 법칙에 해당하는 이유였다.

그런데 나는 첫 학원을 서울의 한적한 변두리 마을인 부암동에 오픈했다. 부암동은 세 번째 당부 조건인 교통이 좋은 곳도 아니었고 거주민도 어르신이 많은 동네에 속했다. 이런 곳에서 수학 학원을 하며 10년 넘게 버틴 것만으로도 지인들은 다 신기한 일이라고 했다.

"우리는 모두의 미래다"

부암동으로 학원을 옮겨온 것은 학원 사업의 기본을 잘 몰라 저지른 나의 실수(?)였다. 게다가 나는 우리 수학 학원을 무학년제로 운영했다.

나는 또래끼리 모아놓으면 언젠가는 서로 경쟁하기 시작해 친구랑 자신의 성적을 쓸데없이 비교하는 데 시간을 낭비할까 봐 우려했다. 또한 1년 과정을 3개월이면 다 마스터하는 영특한 수학 영재들에게까지 천편일률적인 학습을 시키기가 싫었다. 이 아이들이 가진 장점을 살려 귀한 인재로 키우고 싶은 마음이 무엇보다 컸다.

그때부터 어떻게 하면 학년을 섞어 잘 운영할 수 있을까를 고민했다. 어떤 방법이면 위 학년이나 아래 학년이 잘 섞여 서로를 돕게 할까?

우선 1단계로 호칭을 바꾸기로 했다. 월반해서 올라오는 아래 학년의 학생을 '깍두기'로, 그 반에 속하는 위 학년의 학생은 '형님들'로 부르기로 했다. 이렇게 해서 많게는 세 개 정도의 학년이 섞인 반이 생기면 팀을 구성해서 팀별 수업을 하게 했다.

올라온 깍두기들에게는 '절대 겸손'을 갖추도록 했고, 아래 학년과 함께 배우는 바람에 자칫 자존심을 상하게 될지 모르는 형님들에게는 "저 아이들이 바로 대한민국의 미래란다"라며 진정으로 지지해주도록 했다. 또한 다중지능검사를 동원해 서로에게는 각자 다른 강점이 있다고 강조하며 서로의 강점을 세우도록 독려했다.

학년을 섞자 일어난 일

이런 반 편성으로 중3 김진과 고1 김정수, 고2 이정우는 한 반이 되었다. 이들 셋은 함께 수학을 배우며 형제처럼 지내게 되었다. 진이의 경우 운동을 좋아하는 정우 형과는 수업이 끝나면 간간히 농구를 하면서 정을 나누었고, 토론을 좋아하는 정수 형과는 다양한 주제를 가지고 늦게까지 토론하는 재미에 빠졌다. 세 사람은 캠프도 함께 가는 등 끈끈한 우정으로 서로에게 힘이 되어주었다.

이렇게 무학년제는 점차 우리 학원의 자랑이 되었다. 무학년제를 운영하다 보니 시험 기간에 다른 곳에서는 볼 수 없는 일이 일어났다. 고2 정우의 수학 시험 때는 수학을 월등히 잘했던 중3 진이가 정우를 돕더니 중3 영어 시험 때는 고1 정우가 진이의 영어를 돕는 게 아닌가? 이렇게 서로 도우며 함께 성장하다 보니 형제보다 더 끈끈한 우정이 생기고 말았다. 진이는 외동아들로 혼자였는데

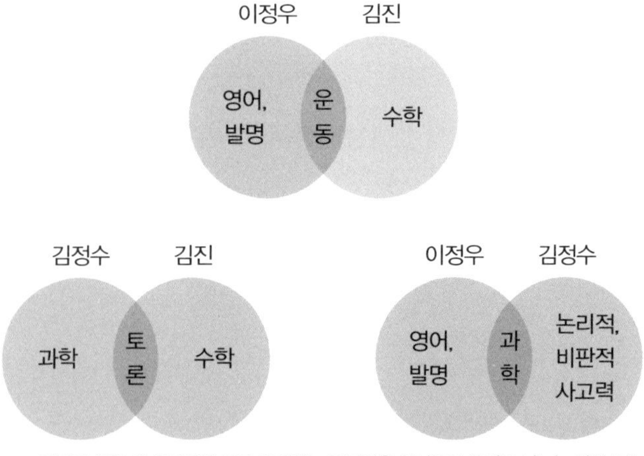

학년이 섞인 세 친구들은 서로 좋아하는 공통점을 중심으로 우애를 나누는 사이사이, 상대에게 부족한 부분을 서로 보완해주는 역할을 했다.

이렇게 든든한 형님이 이끌어주니 당연히 잘 자랄 수밖에 없었다.

옛날에는 형제자매가 많아 인성 교육을 따로 하지 않아도 되었지만 이제는 거의 모든 가정에 자녀가 한두 명밖에 안 되다 보니 이렇게 학년을 섞어놓는 훈련으로 얻는 효과가 여러모로 많았고, 서로를 잘될 수 있게 밀어주고 이끌어주는 계기가 되었다.

정우, 정수, 진 세 사람은 서로의 든든한 지원자가 되어 고2 정우는 한양대학교 공대에, 고1 정수는 고려대학교에, 중3 진이는 호주 시드니 대학교에 재학 중이다. 이 세 사람은 앞으로도 서로를 지지하고 우정을 나누는 평생지기가 될 것이라 생각한다.

보드게임으로 만나는 수학

수학 학원에 오는 아이들은 두 부류로 나뉜다. 학원에 별 저항감 없이 엄마와 함께 자연스레 방문하는 아이들과 엄마한테 포로처럼 잡혀 끌려오듯 오는 아이들. 후자들 가운데는 중 1~2학이 되어 본격적인 공부를 시키려는 부모 손에 억지로 끌려온 아이들이 대부분을 차지한다.

이런 학생들은 무엇을 해도 반응을 보이지 않거나 관심이 없다. 대개는 공부하기 싫어하는 아이들이 많고 마치 삶의 의욕을 잃어버린 듯 무기력한 모습을 보이기도 한다. 어려서부터 학원을 이곳저곳 옮겨 다니면서 부모의 과도한 욕심과 채근에 시달리고 일찍부터 치열한 경쟁에 지친 탓에 쓸 수 있는 에너지가 거의 남아 있지 않은 탓이다.

이런 학생들을 만날 때마다 나는 사교육 학원의 원상으로서 가슴 한쪽이 짠해올 때가 많다. 어릴 때 충분히 뛰어놀고 마음껏 상상의 날개를 펼쳐놓아야 사춘기가 와도 건강한 반항과 저항을 할 수 있을 텐데, 어렸을 때부터 지나치게 억압당하며 지내다 보니 사춘기가 오면 아예 학업을 포기하거나 부모와의 관계를 끊어버리기 때문이다. 이들 가운데는 오로지 온라인 게임과 스마트폰 세상에만 빠져 사는 경우도 많다.

재미있으면 얼마든지 한다

학원에 상담하러 오는 부모님 가운데는 부모와 소통하지 않고 온라인 속으로만 빠져들어 현실과 담을 쌓고 지내는 사춘기 아이들과 씨름을 하다가 우리 학원의 소문을 듣고 찾아오는 분들이 많았다. 이런 아이들과 부모님을 바라보면서, 나는 '어찌하면 온라인 게임에 빠져 사는 아이들이 수학 공부도 신나게 하고 다른 사람들과 더불어 살아가며 선의의 경쟁을 하도록 할 수 있을까?'를 고민하기 시작했다.

'아이들이 잘하고 또 좋아하는 것을 중심으로 수학을 가르치면 어떨까?'

많은 고민 끝에 다다른 결론은 수학과 관련된 보드게임을 찾는 것이었다. 그리고 이 고민이 수학을 게임에 적용하기 시작한 계기가 되었다.

나는 수학 교육에 보드게임을 접목시킨 것을 수학 게이미피케이션(Math Gamification)이라고 불렀다. 게임화(Gamification)는 게임(Game)과 접미사 '화(化, fication)'를 합친 신조어로 게임에서 흔히 볼 수 있는 재미·보상·경쟁 등의 요소를 다른 분야에 적용하는 기법이다.

리눅스를 개발해 무상으로 제공한 리누스 토르발스는 왜 힘들여 만든 소프트웨어를 공짜로 주느냐는 질문에 늘 자신은 인정받는 게 좋고 일하는 게 재미있을 뿐이라고 대답했다. 그런가 하면 미국의 게임 개발자 라프 코스터는 "사람들이 재미를 느끼면 어떠한 활동이든 기꺼이 한다"는 재미 이론(fun theory)을 발표하기도 했다. 이렇듯 '재미'는 사람들에게 동기를 부여하는 아주 강력한 힘이자 에너지다.

굳이 재미 이론이 아니어도, 재미있으면 아이들은 몰입하고 빠져든다. 20년 전부터 보드게임에 수학을 접목한 나의 수학 공부 방식은 공부에 무기력해 있던 학생들에게 큰 호응을 받았다.

보드게임을 수학 교육에 접목해보니 아이들에게 이런 변화가 찾아왔다.

첫째, 아이들이 수학을 점점 재미있게 받아들였다.

둘째, 수학적 사고력이 증가해서 아이들의 문제 해결 능력이 길러졌다.

셋째, 친구들과 쉽게 친해져 아이들끼리 친화력이 생겼다.

넷째, 아이들의 창의력과 집중력이 향상되었다.

다섯째, 아이들이 윈-윈 게임을 통해 선의의 경쟁심을 배웠다.

여섯째, 팀 대항전을 하면서 아이들 간에 협업 능력이 길러졌다.

보드게임하며 자신감도 배운 아이

어느 날 초등학교 6학년생 재원이가 학원에서 뿌린 홍보용 전단지 한 장을 손에 들고 혼자서 학원에 찾아왔다. 대개는 부모와 같이 오는 터라 나는 흥미로운 눈길로 재원이를 보았다.

"와우! 너 혼자 왔구나!"

"네, 전단지 보고 왔어요. 그런데 여기 써진 것처럼 보드게임으로 수학을 배우는 게 맞아요?"

"어, 맞아. 그런데 너 보드게임에 관심이 많구나?"

"네."

"그런데 왜 혼자 온 거야? 부모님은 두 분 다 직장에 가셨어?"

"네. 엄마도 일하시느라 낮에는 안 계세요."

"그래. 그런데 재원아, 보드게임뿐만 아니라 수학 공부도 열심히 해야 할 텐데."

"재미있으면 수학 공부도 열심히 할게요."

나와 재원이의 첫 만남은 이렇게 이루어졌다.

재원는 아버지가 지방에서 일하시는 날이 많아 함께할 시간이 없었고, 어머니는 직장일로 늘 바쁘신 데다 몸이 안 좋아 재원이에게 크게 신경을 쓰지 못했다. 위로 형이 있었지만 외향적이고 운동을 좋아하는 터라 늘 밖에서 친구들과 어울리는 바람에 재원이는 대부분의 시간을 혼자 조용히 지낸다고 했다. 재원이는 내성적인 성격인 데다 혼자 차분히 생각을 많이 하는 아이였다.

그렇게 소극적이며 내성적이던 재원이가 수학과 연계한 보드게임을 가르쳐주자 다른 모습을 많이 보였다. 굉장히 재미있게 수업을 즐겼고 친구들과도 활달하게 게임을 이어나갔다. 재원이는 친한 친구들이 생기면서 점점 밝고 환한 모습으로 바뀌어갔다.

"재원아! 이 보드게임에 숨어 있는 수학의 원리가 뭘까? 네가 한번 찾아볼래?"

이런 질문을 하나 던져놓으면 재원이는 며칠 동안 보드게임에 푹 빠져 지내다 게임 속에 숨은 수학의 원리를 찾아내 정리해왔고 자신이 발견한 것을 친구들 앞에 나와 당당하게 발표하곤 했다. 자신감을 얻은 재원이는 자신만의 게임을 만들어보기도 하고 다른 친구들에게 자기가 만든 게임을 직접 설명하면서 적극적인 아이로 바뀌어갔다. 그런 재원이가 대견하기 그지없었다.

수학 보드게임에 관심을 갖기 시작하자 재원이는 게임과 연관되는 수학 문제는 너무도 쉽게 잘 풀었고, 그러다 보니 수학 공부도 일취월장하여 학교에서 두각을 나타내기 시작했다. 이후 재원이는 고등학교 내내 학교에서 수학만큼은 최고 고수의 자리를 지켰다. 아버지의 빈자리와 아픈 엄마를 돌보면서도 건강한 자아를 가진 멋진 아이로 자라났던 것이다.

재원이는 고등학교 때 이과를 선택해서 대학에서는 컴퓨터공학을 전공하고 있다. 대학교에서도 재원이는 다른 아이들에 비해 독특하고 뛰어난 수학적 사고력과 발상으로 인해 많은 주목을 받는다고 했다. 재원이가 가장 자주 듣는 칭찬은 "너는 어떻게 그런 생각을 하게 됐지?", "참 뛰어난 발상인데!", "와, 정말 놀라운걸" 같은 이야기라고 한다.

재원이는 지금도 보드게임 수집광이다. 장래에는 세계적인 보드게임 회사에 취업하여 능력과 자질을 마음껏 펼치는 게 꿈이다. 부업으로 자신이 개발한 보드게임으로 카페를 운영하는 계획도 세우고 있다.

재원이가 통계에 관련한 정보수집 카드 게임을 아이들에게 설명하고 있다. 컴퓨터공학과 4학년에 재학 중인 재원이는 이 게임을 직접 설계하고 만들었다.

아이들을 일으켜 세우는 데 한 몫을 한 수학 보드게임이 최고의 대안은 아닐지도 모른다. 하지만 지난 몇 년간 아이들과 함께해 보니 효과가 매우 크고 장점이 많은 대안인 것은 분명하다. 집합의 'Set 게임', 수열의 '하노이탑', 공간도형의 '루미스', 대칭의 '다빈치 게임', 진법의 '마술카드 만들기', 회전의 '펜타고', 수 조합의 '피퍼' 등 다양하게 수학 수업에 활용한 이 보드게임들이 없었다면 아이들의 수학 흥미도는 여전히 제자리걸음에 머물러 있을지도 모른다.

윈-윈 게임, 이겨도 겸손! 져도 쿨하게!

우리에게 <이규태 칼럼>으로 익숙한 고(故) 이규태 주필은 한 칼럼에서 한국인의 심성에 대해 "갯벌의 게"와 같은 면이 있다고 했다. 게 한 마리를 잡아 통에 던져 놓으면 어떻게 하든 통 위로 올라오려고 난리를 쳐서 뚜껑을 반드시 닫아놓던지 아예 못 올라오는 깊은 통에 넣어야 한다. 그렇게 해놓아도 게는 끝까지 포기할 줄 모르고 발버둥 치면서 올라오려는 노력을 멈추지 않는다. 그러나 통에 게를 두세 마리 함께 넣으면 상황이 달라진다. 이럴 때는 굳이 뚜껑을 닫아놓지 않아도 된다. 게들이 서로 올라가려고 위에 있는 게를 끌어당겨 떨어뜨리는 바람에 결국 서로 뒤엉켜 아무도 올라올 수 없는 상황이 되고 말기 때문이다.

이규태 주필은 이를 한국인의 습성에 빗대어 우리들의 모습이 매우 서글프지 않은가라고 썼다. 이 글은 다소 과장된 면이 있고 또 어느 한 부분만을 크게 부각하여 해석했다는 비판도 있었지만, 2011년 <동아일보>가 소개한 문용린 서울대 교육학과 교수의 조사 결과에 따르면 한국인은 시기와 질투심에서 3.7점으로 중국인(3.49점), 일본인(3.09점)보다 훨씬 높아 이 같은 분석에 힘을 실어주기도 했다.

무조건 이기기만 하면 끝?

나는 이런 결과의 원인이 어릴 때부터 지나치게 경쟁에 노출된 사회 분위기에 있다고 생각한다. "사촌이 땅을 사면 배가 아프다"라는 속담이 있듯이 남이 잘되는 것을 응원해주고 축하해주는 문화가 조금은 더디게 발달된 것이다.

그래서 나는 캠프나 교구 대회 때에 아이들에게 늘 구호를 만들어 외치게 한다. 구호는 간단하며 단순하다. 손뼉을 치면서 "이겨도 겸손!", "져도 쿨하게!"다.

아이들에게 공간 사목인 '4 in a line'으로 숨어 있는 수학 개념인 행렬을 공부하게 한 뒤 리더십의 일환으로 서로를 위한 윈-윈 게임을 하게 했다. 먼저 두 명씩 조를 짜서 아무런 설명 없이 "오목 게임이 아닙니다"라는 말을 반복해서 이야기한 후 게임을 하게 했다. 그렇게 선언하고 했는데도 아이들은 여지없이 본능적으로 상대방을 막으면서 게임을 했다.

게임이 끝나고 나서 점수를 계산하라고 하면 아이들은 모두 자기 점수도 낮고 상대방 점수도 낮다는 것을 알게 된다. 이런 상황에서 이긴 것이 과연 옳을까? 누가 더 막는다고 애를 썼을까? 이런 질문을 하면 아이들은 서로 자기가 이겼다고 아주 의기양양하게 이야기한다.

윈-윈 보드게임 ①

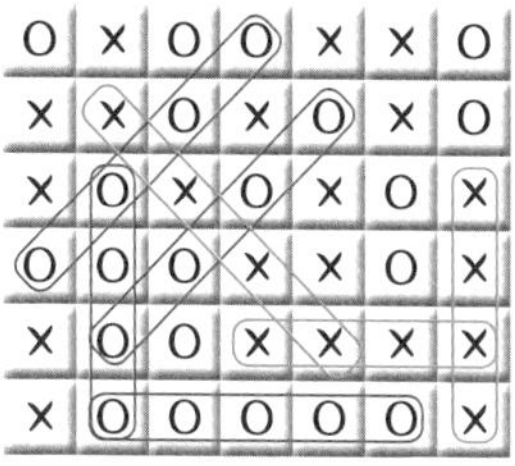

O △ X 중 선택하세요

가로 세로 대각선으로 4개 연속 : 1점 5개 연속 : 2점
6개 연속 : 3점 7개 연속 : 4점

※ 절대로 오목이 아닙니다.

A 점수 : O **5점**
B 점수 : X **3점**

위 결과지를 보면 O는 5점, ×는 3점으로 크게 점수가 나지도 않은 채 끝난 것을 알 수 있다. 고작 2점 차이로 이겼다고 하는 것도 우습지만, 아이들이 서로 상대방이 점수를 내지 못하게 하려고 애를 쓴 티가 역력히 났다.

칭찬하는 문화로 가는 길

나는 이 게임을 하고 난 뒤에 진정한 윈-윈 게임이 무엇인지 보여주기 위해 그림 한 장을 보여주었다.

윈 - 윈 보드게임 ②

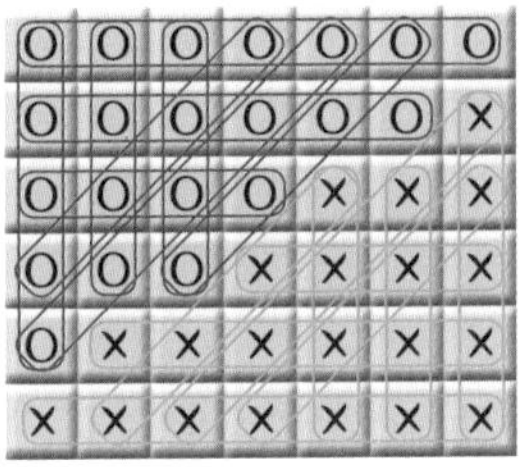

O △ X 중 선택하세요

가로 세로 대각선으로 4개 연속 : 1점 5개 연속 : 2점
6개 연속 : 3점 7개 연속 : 4점

※ 절대로 오목이 아닙니다.

A 점수 : O **16점**
B 점수 : X **16점**

이 게임 결과는 O가 16점, X도 16점으로 크게 점수가 났을 뿐 아니라 승자도, 패자도 없다.

"이 그림처럼 서로를 막지 말고 오히려 도움이 되도록 게임을 해보렴. 상대방에게도 나한테도 점수가 가장 많이 나올 수 있게 방법을 먼저 상의한 뒤에 게임을 해보는 거야."

이렇게 말하고 게임을 하게 하면 아이들은 서로 점수가 크게 오를 뿐 아니라 게임 시간도 훨씬 줄어들고 기분도 더 좋아진다는 것을 체험하게 된다. 수학 교구를 활용해 하는 이 간단한 활동 하나로 아이들은 서로를 도우면서도 이렇게 점수를 많이 낼 수 있는 법을 배울 수 있다. 동시에 자신도 모르게 상대방이 점수를 못 내도록 막느라 정신없었던 것을 생각하며 큰 깨달음을 얻어간다.

우리가 협력해서 선을 이뤄가는 방법을 배우지 못한 채 언제나 남을 밟고 일어서야 하는 '승-패'에 익숙해지다 보니, 아이들조차 지고 나면 분을 참지 못해 씩씩대며 흥분부터 하는 경우가 많다. 그러나 이제 승패를 치열하게 다투는 시대는 갔다. 융합을 강조하고 배려와 겸손, 인성을 중시하는 시대가 왔다. 이런 시대에 독불장군은 설 자리가 없다. 협력과 협동, 팀플레이가 무엇보다 중시되는 시대가 올 것이기 때문이다.

미래를 살아갈 아이들이 따뜻한 마음으로 남에 대한 시기와 질투보다 남에 대한 배려와 소통을 중시하기를 바라는 마음이다. 진정성을 갖추고 통 크게, 자신과 다름을 인정하고 남이 잘되었을 때 승리를 축하할 줄 아는 사람으로 자라기를 소망한다.

학생들이 보드게임을 이용해 자유학기제 수업을 받고 있다.

수학 스마트 캠프로 배우는 팀플레이

수학 학원을 하면서 방학마다 캠프를 했다. 일명 '스마트 캠프'다. 우리나라 아이들의 수학적 두뇌가 세계적으로 우수하고 뛰어나다는 것은 이미 잘 알려진 사실이다. 그러나 이렇게 우수한 두뇌의 아이들에게 부족한 한 가지 품성이 있다. 바로 서로 즐겁게 어울리지 못한다는 것이다. 아이들은 뭉쳐놓기만 하면 싸우고 삐치는 일이 다반사인가 하면 각자 자기주장만 내세우기 일쑤다. 융합의 시대에 걸맞은 팀플레이를 하기에는 턱없이 부족한 자질이다.

이웃 나라 일본은 개인보다 뭉쳤을 때 힘을 발휘하는 경우가 많다. 반면 우리나라는 개개인은 매우 우수하지만 팀으로 뭉쳤을 때 개인이 가진 장점을 제대로 발휘하지 못하는 경우가 많다. 미래에 우리가 맞이할 시대는 융합을 잘하는 사람이 인재가 되는 시대다. 개인이 타인과 더불어 머리를 맞대고 협력할 때 다양한 아이디어와 창의성을 발휘할 수 있는 시대다. 스마트 캠프는 이런 융합의 시대에 맞춰 진행한 취지로 만든 캠프였다.

1인 천재의 시대는 갔다

과거에는 뛰어난 천재 한 명이 전체를 먹여 살릴 수 있었던 시대였다. 그러나 이제 세상은 완전히 바뀌었다. 아무리 뛰어난 천재일지라도 서로 협력하고 배려하며 조화를 이루지 않으면, 제 스스로 능력을 발휘하기 힘들다.

'스마트 캠프'는 융합과 조화의 취지에 맞게 프로그램을 구성했다. 천재일지라도 서로 융합해야만 살아갈 수 있는 지금의 상황에 맞추기 위해 많이 생각하고 연구한 끝에 탄생했다. 비록 작은 수학 학원이지만 캠프를 통해 팀워크 훈련을 할 수 있도록 하는 데 초점을 맞추었기에 학년과 상관없이 조를 섞었고, 개인보다 팀을 먼저 생각할 수 있게 팀별로 행동하는 데 주안점을 두었다.

예를 들어 중3과 고1을 한 팀으로 묶어 한두 가지 주제를 주어 함께 머리를 맞대어 토론하며 풀어가게 했고, 팀 대항전을 통해 팀 플레이를 가장 잘하는 팀이 수상을 하도록 했다.

학생들은 출발 전에 미리 짜놓은 그룹으로 팀이 되어 출발하는 그 시간부터 도착 시간까지 1박 2일 동안 온전히 팀에 묶여 있어야 했다. 캠프를 갔다 온 뒤로 같은 팀들끼리는 연대 소속감이 지속되도록 나름 보이지 않게 신경을 써서 배치했다.

융합의 시대에는 다른 사람과의 약속 또한 아주 중요한 요소다. 과거 부모님 세대에는 '코리안 타임'이라는 말이 있을 정도로 약속 시간을 그다지 중시하지 않는 문화가 있었지만 지금 그런 문화는 거의 사라졌다. 악습을 과감히 끊어버리고 가는 일이야말로 미래를 준비하는 기본 태도이기 때문이다.

캠프에서는 약속 시간을 정확히 공지하고 이를 철저히 따르도록 했다. 이런 습관을 철저히 들이기 위해 집합 시간을 8시 정각이 아닌 7시 58분으로 아주 디테일하게 정하고 아이들에게 미리 공지했다. 그리고 팀원 중 한 명이라도 지각을 하는 아이가 있다면, 그 팀에겐 패널티를 부여하여 팀 전체가 시간을 잘 지킬 수 있도록 했다. 이렇게 시간 개념을 정확히 주지시키자 캠프 때마다 우리 학원은 늘 8시 정각에 출발할 수 있게 되었다.

캠프에서 협동과 배려를 배우다

캠프 첫째 날 목적지는 용인 에버랜드였다. 우리는 일찍 출발하기도 했지만, 아이들이 시간을 잘 지킨 덕분에 개장 전에 미리 도착할 수 있었다.

1차 미션은 각자 팀별로 각기 다른 코스를 향해 노는 것이었다. 이때는 졸업한 대학생 선배들이 각 팀의 조장이 되어 팀을 이끌었으며, 한 명의 낙오자 없이 팀별로 주어진 1차 미션을 잘 수행했는지에 대한 평가 보고를 조별로 발표하게 했다.

두 번째 날에는 상금이 걸린 수학 교구 대회가 있었기 때문에 아이들은 1차 미션을 끝낸 오후부터 다음 날 새벽 3~4시까지 팀별로 수학 교구 대회를 준비했다. 팀별로 수학 교구를 배우기도 하고 가르치기도 하며 한 팀에서 각 수학 교구 종목별로 선수들을 정해 밤새워 연습을 했다. 이때도 팀 전을 잘하는 팀에게는 가산점을 주었다.

아이들이 뭉쳐서 함께하다 보면 잘 다투기 마련인데, 평소에도 협업의 중요성을 가르쳤기 때문인지 다툼은 거의 없었다. 특히 팀 전을 잘해야 상금이 생기도록 전략을 짜놓아서 굳이 다툴 필요를 못 느꼈다고 아이들은 말했다. 아이들은 밤새도록 "팀을 위해 죽고 팀을 위해 산다"는 각오를 다지며 팀의 우승을 위해 열심히 노력했다.

수학 관련 창의 멘사 대회(왼쪽)와 2 대 2 팀 전으로 하는 결승전(오른쪽) 모습

수학 교구 대회 우승팀에게는 팀별로 상금을 지급했는데, 이때는 반드시 팀원끼리 상의해서 상금을 쓰도록 했으며 개개인이 상금을 나누어가지지 못하도록 했다. 또한 상을 못 타서 상금이 없는 팀과 저학년이 있는 팀에게는 우승 팀이 배려하여 돕도록 했다. 아이들이 상을 타기 위한 대회가 아니라 스스로 즐기는 재미를 위해 참여하고 서로 돕고 배려하는 모습을 바라보는 것만으로도 가슴이 따뜻해졌다.

수학적 발상이 전부인 하루

캠프 참여는 의무 사항이 아니었기에 캠프에 참석하지 않는 아이들도 많았다. 그러나 캠프를 통해 매우 행복한 경험을 했던 아이들은, 다음 해에도 꼭 수학 캠프만은 빠지지 않고 참석하는 단골이 되었다.

아이들이 캠프에 참석하는 횟수가 늘어가면서 돕고 배려하는 마음이 자라나는 것을 보는 것은 큰 기쁨이었다. 아이들은 매번 자신보다 팀을 먼저 생각했고, 또 그런 만큼 협업 능력이 향상된 것을 느낄 수가 있었다. 수학 교구 종목을 다양하게 넣은 이유도 각기 아이들마다 잘할 수 있는 파트가 다르기에 한쪽에 소외되는 아이들이 없도록 하기 위해서였다.

캠프를 계획하고 아이들을 데리고 1박 2일을 떠난다는 것은 여러모로 에너지가 많이 드는 일이다. 하지만 캠프를 진행하면서 변화되는 아이들의 모습을 보니 이 행사를 그만둘 수가 없었다. 협업과 배려, 융합을 잘 배워 이 아이들이 대한민국의 훌륭한 인재로 자라나기를 바라는 작은 소망 또한 버릴 수 없는 가치였다. 그러나 매번 별도의 지원 없이 사비로 캠프를 진행하다 보니, 어느 순간 경제적인 한계치에 도달해 캠프 활동을 잠시 중단할 수밖에 없었다.

그러다가 2018년 교육청 영재원 아이들의 훈련 프로그램인 '다빈치 해커톤' 대회를 맡아 진행하게 되었다. 이때 스마트 캠프에 늘 참가했던 아이들 가운데 대학생이 된 아이들이 다시 조장으로 참여하게 되었다. 선배 아이들은 캠프에 참가한 후배들과 밤을 새워 놀면서 적극적으로 팀플레이를 하는 모습을 보여주었다. 선배들은 캠프에 대해 이렇게 한마디로 정의 내렸다.

"잘 놀고, 밤새 토론하고, 수학적으로 독특한 발상을 하는 것이 우리들의 일입니다."

'Only' 보다 'As well'

2019년 대한민국 엄마들의 심장을 뜨겁게 했던 SBS 드라마 〈스카이 캐슬〉의 주인공 한서진은 딸에게 이렇게 말한다.

"넌 공부만 잘하면 돼. 나머진 엄마가 다 할게."

오직 대학 입시만을 위해 맹목적으로 돌진하는 한서진은 다른 곳에 마음 쓰는 딸을 다독이며 이렇게 내뱉는다.

〈스카이 캐슬〉의 저 장면은 드라마 같은 설정이 결코 아니다. 지금도 많은 어머니, 아버지들이 오로지 입시만을 위해 아이들을 한 길로 몰고 있기 때문이다. 과연 4차 산업이 물밀 듯이 밀려오는 미래 세상에서 오로지 '공부만' 잘하면 되는 것일까?

'올인'하는 시대는 갔다

부모들이 살아온 지금까지의 세상에서는 이 말이 통했다. '공부'만 잘하면, 또는 좋은 대학만 들어가면 웬만큼 삶이 보장되었기에 성실하고 꾸준한 공부만이 학생이 해야 할 모든 것이었다. 꼭 공부가 아니어도 괜찮았다. 어느 것이든 '한 가지'만 잘하면 그것으로 세상을 살아갈 수 있는 시절이었다. 공부 한 가지를 잘하든지 운동을 잘하든지, 아니면 기술을 배우든지 하면 살 수 있는 세상이었다.

하지만 아이들이 살아가야 하는 4차 산업 시대는 '한 가지만 잘하라'는 말이 통하지 않는 세상이다. 아주 뛰어난 천재조차 다양한 시각을 가지기 위해서 여러 지식을 융합하고 조화를 꾀해야 한다. 한 가지에 올인하면 되지 않는 세상인 것이다.

일례로 과거에는 영어 하나만 잘해도 먹고살 수 있었다. 그래서 유학의 붐이 분 적도 있었다. 모두가 영어 하나만이라도 잘해오길 기대하며 필리핀으로 어학연수를 보내거나 미국에 돈 싸들고 유학을 보내지 않았던가?

그러나 지금은 영어가 기본인 시대가 되었다. 웬만큼 영어를 하는 사람은 발에 채고도 챈다. 또 굳이 영어 실력이 없어도 인공지능 번역기와 통역기가 워낙 잘 되어 있어 해외여행도 어렵지 않게 다닐 수 있는 시대, 독해가 자연스럽게 해결되는 시대가 왔다. 비단 영어뿐만이 아니다. 온갖 세계의 언어가 번역되고 통역될 정도로 기술이 발달한 시대가 온 것이다.

이런 현실은 기업의 고용 형태에서도 고스란히 드러난다. 영어 실력을 갖춘 유학파를 우대하던 기업들은 이제 "무엇을 해낼 수 있는 인재인가?", "어떤 다양한 경험을 바탕으로 창의력을 발휘할 수 있는 인재인가?"에 초점을 맞추어 사원을 채용한다.

지금 필요한 인재

심리학과를 나와서 현재 IT 개발자로 일하고 있는 김진완 팀장을 만난 건 나에게 신선한 충격이었다. 내가 김진완 팀장을 만난 것은 학원 홈페이지를 맡겼을 때다.

김 팀장의 디자인은 보기에도 매우 깔끔할 뿐만 아니라 타인의 심리를 파악해 메뉴를 구성해놓은 덕분에 당시에도 내게 깊은 인상을 남겼었다.

나는 이런저런 감회가 있어서 작업 후 김 팀장을 직접 만나야겠다고 생각했는데, 실제로 만난 김 팀장은 내 예상을 훨씬 뛰어넘는 놀라운 사람이었다. 당시 김 팀장은 자신의 꿈과 비전을 당당히 이야기하며 다양한 방법으로 문제를 해결하는 사고 능력을 보여주었다.

나는 김 팀장에게 물었다.

"어떻게 심리학과를 나와서 전혀 분야가 다른 IT 개발자가 된 것입니까?"

어떤 특별한 계기나 뜻이 있었던 것이 아닐까 싶은 마음에 이렇게 물었는데, 의외로 김 팀장의 대답은 단순했다.

"제가 사회에 나왔을 때 심리학 학사로 일을 하는 것보다 IT 개발자가 할 수 있는 일이 조금 더 많았을 뿐입니다. 관련 업종에 대해서는 어릴 때부터 컴퓨터에 관심이 많아 하드웨어나 소프트웨어를 지속적으로 탐구해온 상황이라 어렵지 않게 접할 수 있었지요."

당시는 IT 업계 시장이 활짝 열리는 시기라 진입 장벽이 낮았다고 김 팀장은 말했다.

"그러셨군요. 그러면 처음부터 개발자로 일하신 것인가요?"

"사회에 나와 처음 한 일은 홈페이지 제작 관련 회사의 마케팅 기획부서 일이었습니다. 첫 입사해서 일을 시작했는데, 어린 마음에 그곳에서 돌아가는 일들을 혼자 해낼 수 있을 것 같았습니다. 그래서 호기롭게 친구 한 명과 함께 회사를 만들고 사업체를 1년간 운영했어요. 그때 홈페이지를 직접 만들기 위해서 공부를 시작했습니다. 보통 전공자들은 4년 동안 대학교에서 공부를 하지만, 저는 유튜브 영상으로 필요한 것을 필요한 만큼만 공부하면서 한 달 만에 기능을 다 익혔어요."

김 팀장의 말에 나는 놀라 물었다.

"그렇게 한 달만 공부해서 현업에서 인정받는 것이 가능하신가요?"

"IT 업계에는 이런 특성이 있어요. 너무 방대한 분야이다 보니 100%를 외워서 머릿속에 넣을 수 없는 특성이 존재하죠. 모든 지식을 다 넣을 수 있는 사람은 전 세계에 단 한 명도 없을 거예요.

그렇다 보니 계속해서 진화하고 변화하는 관련 기술들을 언제든지 익혀서 필요할 때 사용할 수 있는 것이 더 중요하다는 거죠. 틀에 갇힌 채로 머릿속에서 답을 꺼내는 것보다 눈앞에 있는 문제를 적절한 도구를 찾아 해결해내는 분야라고 할까요? 결국 어느 한 가지에 전문가가 되는 것이 필요한 것이 아니라 다양한 분야의 지식을 찾아내고, 학습하고, 적용과 융합할 수 있는 것이 가장 중요하다고 생각해요."

이렇게 이야기하는 김진완 팀장을 보며 옳구나 했다.

'바로 이런 인재가 지금 절실히 필요한 인재가 아니던가?'

세상은 더 이상 한 가지만 100% 잘해서 1등이 되는 인재를 필요로 하지 않는다. 우리 사회는 이제 서너 가지를 동시에 약 70~ 80% 할 수 있는 인재를 더 필요로 하고 있다.

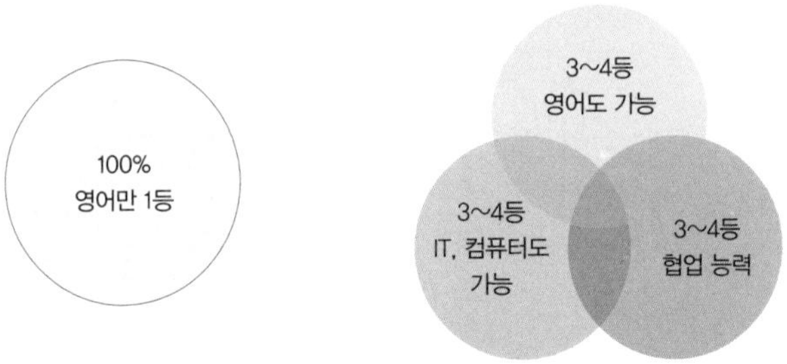

영어만 1등 하는 사람보다 영어, IT, 컴퓨터 능력, 협업 능력도 골고루 3~4등 하는 인재가 더 필요한 시대가 되었다.

김진완 팀장은 4차 산업 시대에 걸맞은 인재상을 나에게 보여주었다. 자신의 필요에 의해 혼자 터득한 모습도 그러했지만 그보다 중요한 모습이 있었다. 적극적으로 자신의 삶을 개척해나가는 김진완 팀장만의 젊은 패기와 용기 그리고 자신감과 함께 갖춘 겸손한 모습은 나를 매료시켰다. 이제는 강의력까지 갖춘 김진완 팀장을 보며 무한한 기대를 걸어본다.

베스트 프렌드 만들기 작전

친구만큼 귀하고 힘이 되는 존재는 없다. 특히 요즘같이 하나나 둘 정도만 낳는 시대에는 마음에 맞는 평생 친구를 만드는 일이 무엇보다 중요하다. 맞벌이로 바쁜 가정이 늘어나고 형제나 자매가 있더라도 학원 수업과 과제를 하느라 바쁘게 살다 보니 아이들은 대개 스마트폰을 유일한 대화 상대로, 소통의 창구로 삼는 경우가 많다.

그러나 우리 아이들이 살아갈 시대는 융합과 협업이 중요해지는 세상이다. 타인과 어떻게 잘 협업하고 도움을 주고받느냐에 따라 리더십은 물론이고 과제 수행 능력이 결정되는 세상이다. 게다가 친구는 가장 예민할 사춘기 시절을 잘 극복할 수 있게 도와주는 버팀목이 된다. 힘든 학교생활에서 절친한 친구 한 명만 있어도 아이들은 공부할 힘을 낼 수 있고 교실에서 외롭지 않을 수 있다.

친구란 이처럼 나이 먹어서도 없어서는 안 되는 존재인데 하물며 학교생활에서야 두말할 나위가 없다. 자신의 모든 것을 다 들어주고 토닥여주는 친구가 곁에 있다는 것은 격동의 중고등학교를 보내야 하는 우리 아이들에게는 매우 중요하다.

아이의 친구에 대해 얼마나 알고 있나

공부를 잘하는 것보다 더 중요한 것이 아이의 친구 관계라는 것을 부모들은 잊지 말아야 한다. 나는 부모들에게 '아이가 절친을 사귀는 일'을 놓치지 말고 적극 도우라고 권한다. 그것도 아주 평생 함께할 수 있는 '베스트 프렌드를' 만들어주기 위해 부모도 팔을 걷어붙이고 도움을 줄 필요가 있다.

아버지들에게 특별히 질문을 해보고 싶다. 아래 질문에 '예' 또는 '아니요'로 답해보자.

첫째, 우리 아이에게 베스트 프렌드가 있는가?

둘째, 그 베스트 프렌드의 이름은 무엇인가?

셋째, 그 베스트 프렌드는 무엇을 좋아하는가?

넷째, 그 베스트 프렌드를 초대하거나 맛있는 음식을 사준 적은 있는가?

다섯째, 그 베스트 프렌드를 만들어주기 위해 어떤 노력을 해본 적이 있는가?

이 질문에 모두 '예'로 답할 수 있다면 당신은 자녀의 친구 관계를 위해 매우 관심을 기울이고 있는 아버지라고 할 수 있다.

보석 같은 평생의 친구를 만들자

어느 부요한 귀족의 아들이 시골에 놀러갔다가 수영을 하려고 호수에 첨벙 뛰어들었다. 그런데 갑자기 발에 쥐가 나서 물에 빠져 죽게 생겼다. 이때 한 가난한 농부의 아들이 용감하게 뛰어들어 이 귀족 소년을 구했고 둘은 친구가 되어 서로 편지를 주고받는 사이가 되었다.

시골 농부의 아들은 의사가 꿈이었는데 가난해서 공부를 할 수 없었다. 이 이야기를 들은 귀족의 아들은 부모님께 졸라 가난한 농부의 아들을 영국 런던으로 불러들여 의사 공부를 하도록 도왔다. 런던의 의과대학에 다니게 된 가난한 농부의 아들은 나중에 인류를 구한 기적의 항생제 '페니실린'을 개발하는 데 성공했다. 그리고 1945년 노벨 의학상을 받았다. 그 주인공이 바로 우리가 잘 알고 있는 알렉산더 플레밍이다.

부자 귀족의 명문가 아들도 탁월한 실력으로 26세에 어린 정치가로 성공하였다. 그러던 중 전쟁이 일어나 전장을 누비던 가운데

폐렴에 걸려 목숨이 위태로울 때 그의 친구가 만든 페니실린을 공급받아 죽을 고비에서 살아날 수 있었다. 이 부자 귀족 정치가가 바로 윈스턴 처칠이다.

나는 윈스턴 처칠과 그의 평생지기인 알렉산더 플레밍의 우정 이야기를 좋아해서 아이들에게 이 일화를 곧잘 들려주곤 한다. 아무리 부자라 해도 피도 안 섞인 사람의 공부를 뒷받침하기는 쉬운 일이 아닐 것이다. 또한 공부에 도움을 받는 입장이라 해도 노벨상을 받을 만큼 성공하기란 보통 일이 아니었을 것이다. 귀족과 가난한 의사의 일화는 이런저런 면에서 나에게 여러 생각의 갈래를 펼치게 하는 계기가 되었다.

나 역시 세 아이 모두에게 어떻게 하면 평생의 귀한 친구를 만들어줄까 늘 생각하고 고심하는 편이다. 내가 가르치는 학생들에게도 "생명 같은 친구 한 명만 있어도 성공한 삶"이라고 강조하곤 한다.

세상에 하나밖에 없는 아들의 절친

몸이 약하고 겁도 많지만 로봇에 대한 열정만큼은 누구에게도 뒤지지 않던 승정이에게는 형 같은 친구 정석이가 있었다. 남대문 도매상에서 장사를 하신 정석이 부모님은 늘 바쁘신 탓에 학교 행사에는 거의 오시지 못했는데도 정석이는 혼자서도 씩씩하게 자기 할 일을 척척 잘 해냈고 성격도 좋아 줄반장을 놓치지 않았다. 게다가 축구도 잘하고 늘 다른 사람을 배려하는 마음까지 나무랄 데가 없는 아이였다.

나는 이런 정석이를 아들의 절친으로 만들어주기 위해 중1 때부터 어른이 다 되어 직장생활을 하는 지금까지도 보이지 않는 곳에서 물심양면 지원을 해왔다. 나의 이런 노력 덕분인지 아니면 두 녀석이 애초부터 마음이 잘 맞아서인지는 몰라도, 이 둘은 중1 때부터 지금까지 늘 껌 딱지처럼 붙어 다니면서 베스트 프렌드로 지내오고 있다.

중고등학교 시절 아들이 로봇 대회에 나가면 당연히 친구인 정석이랑 함께 팀을 이뤄 나가게 되고, 우리 가정에 불행이 닥쳐와 사업이 쫄딱 망해 남편이 일본으로 훌쩍 떠나 있는 동안에도 아들 옆에는 늘 정석이가 친구로 남아 아들의 힘든 이야기들을 다 들어주고 격려해주었다. 승정이는 정석이 덕분에 힘든 시기를 잘 버틸 수 있었다. 정석이가 아들과 함께 있어주는 그 자체만으로도 나는 감사했다.

40일간 유럽으로 무전여행을 떠나보내다

승정이가 재수 끝에 방황하던 시기에 나는 정석이와 아들을 최소의 비용으로 유럽 여행에 보낸 적이 있다. 아이들에게는 거의 무전여행에 가까운 비용만을 쥐어주고 보낸 여행이었다.

"승정아! 이번 방학 때 정석이랑 유럽 배낭여행 한번 가볼래?"

그렇지 않아도 대학을 떨어져 의기소침해 있던 아들은 친구랑 여행을 간다고 하니 선뜻 "진짜요? 갈래요"라며 신나 했다.

나는 40일 안에는 돌아오지 못하도록 비행기 티케팅을 하고 처음 묵는 숙소에는 일주일만 지낼 수 있게 예약을 하는 식으로 여행 계획을 짰다. 여행 일정표를 확정하고 정석이 부모님께도 허락을 받았다.

둘은 이렇게 각자 50만 원씩만 갖고 40일간의 유럽 여행길에 올랐다. 여비가 적든 말든, 두 녀석은 유럽 배낭여행을 간다는 설렘으로 그저 즐거운 표정으로 떠났다.

두 녀석은 히드로 국제공항에 도착해 서툰 영어로 숙소를 찾아가는 데 성공하면서, 처음에는 50만 원이라는 거금(?) 덕분에 그런대로 버틸 수 있었다. 하지만 곧 40일 동안 지내기에는 터무니없는 돈이란 것을 알게 되고, 이후 돈이 떨어지고 갈 곳도 먹을 것도 구하기 힘들어지자 국제 미아 신세가 된 채 생존을 위한 전투를 해야만 했다.

두 사람은 씻는 것은 카페 등을 활용했고, 무료급식소를 찾아가 음식을 얻어먹기도 하고 노숙자한테 잘 보여 그 틈에 끼여서 자기도 했다. 태어나서 이리 힘든 상황을 겪기는 처음이었지만, 친구가 있어서 둘은 그 누구보다 서로를 의지하면서 생존할 수 있었다.

어느 한겨울 날, 폭설이 유럽을 덮쳤다는 뉴스를 보고 연락이 두절된 아들에게 "죽었니?"라며 조심스레 메일을 보냈다. 며칠 동안 답이 없던 아들은 "살아 있어요"라는 답장을 보내왔고, 나는 잘 지내다 오라고 하면서 마지막으로 50만 원씩을 더 보내주었다.

8킬로그램이 빠져서 돌아온 아이

드디어 40일이 지나자 두 아이는 귀국했다. 승정이도 정석이도 눈에 띄게 말라 있었다. 8킬로그램이 빠진 앙상한 몸으로 돌아온 승정이는 집에 들어서자마자 여행 가방을 홱 내던지면서 말했다.

"우리 죽으라고 보냈지요?"

승정이는 짐짓 화난 체했지만 진심으로 화가 난 것 같지는 않았다.

"그럴 리가? 사랑하는 자식을 누가 죽기를 바라겠니? 승정아, 이번 여행에서 무엇을 느꼈는지 말해줄래?"

승정이는 잠시 생각하다가 내게 말했다.

"저 전문대라도 갈게요. 쪽팔리는 것을 모두 다 하고 와서 이제는 그 무엇을 해도 괜찮아요."

나는 이렇게 말하는 아들을 토닥이며 살아 돌아와줘서 고맙다는 말을 했다.

이 모든 경험이 친한 친구가 있었던 덕분이라고 생각한다. 어떤 힘든 일도 정석이와 함께라서 다 버틸 수 있었을 것이다.

그 다음 해, 나는 또다시 아들과 정석이한테 다른 미끼를 던져 보았다.

"이번 여행은 돈 많이 주마. 두 명이 한 팀인데, 팀당 약 1,500만

원씩 주어질 거야. 그 대신 무기력하고 삶의 목표도 없고 공부하기 싫어하는 꼴통(?) 한 명씩을 붙여줄 거야. 여행 기간 동안 이 아이들을 공부시키고 여행 가이드해주고 잘 돌봐서 꿈을 가질 수 있도록 도와줘야 해."

돈이 넉넉한 여행을 제안하자 두 아이는 당장 시작하겠다고 했다. 두 사람은 각자 돌봐야 하는 학생의 학부모님 앞에서 여행 일정과 동기부여와 관련한 프레젠테이션을 한 뒤 프레젠테이션을 통과한 비용을 든든히 받아 신나게 유럽으로 출발했다. 이번에는 돈이 있어서 더욱 행복할 거라며 미션을 완벽히 수행하고 오리라는 약속을 남기는 것도 잊지 않았다.

미래로 나간 아이들

그런데 한국에서도 말 안 듣던 아이들이 유럽에 간다고 말을 잘 들을까? 승정이와 정석이는 각자 맡은 아이들을 아침에 깨워 밥을 챙겨 먹이고 중간중간 공부도 시켜가며 열심히 일정을 따랐다. 오후에는 적당한 미션을 줘서 박물관이나 기타 여러 군데 여행을 하게 했다.

여비가 넉넉했기에 행복하리라고 생각했지만, 두 아이의 그런 예상은 여지없이 빗나가고 말았다. 누군가를 도와서 여행을 한다는 것이 좀처럼 쉽지 않았던 것이다.

승정이는 이번에도 돌아오자마자 가방을 홱 던지면서 말했다.

"OOO 때문에 미치는 줄 알았어요."

나는 웃음이 번져 나오려는 것을 참으며 물었다.

"승정아, 이번 여행에서는 무엇을 배우고 느꼈니?"

"세상에서 제일 무서운 것이 고객이에요. 특히 돈을 내는 고객이 제일 무서워요."

승정이의 말이 너무 분명해서 조금 놀랐다.

대학에 떨어져 의기소침해 있던 아들을 독려하려면 어떤 대가를 치러야 했다. 그래서 "어릴 적 고생은 사서 한다"는 옛말을 따라 조금은 강력한 방법을 일부러 쓴 터였다.

요즘 아이들은 너무 귀하게 자라다 보니 나약하기만 해서 기업체에서 쓸 만한 직원을 구하기가 어렵다고들 한다. 견디는 힘이 부족하다 보니 취업과 퇴직을 반복하는 아이들도 많고 또 제 스스로 할 일을 찾아서 하는 아이들도 손에 꼽을 정도라고 한다.

나는 약하기 그지없는 아들이 좀 대담하고 도전적으로 자랐으면 했고, 그러기 위해 힘든 미션을 주어 극복하게 하는 힘을 길러주고 싶었다. 승정이의 유럽 여행은 이런 내 의도 아래서 이루어졌고, 아들의 성공적인 여행은 어디까지나 서로를 지지해주고 믿고 의지하며 함께 문제를 해결해가는 절친한 베스트 프렌드가 있었기에 가능했다.

함께 생사고락을 겪은 유럽 배낭여행을 통해 불쑥 자란 네 명의 아이들은 현재 아주 잘 자라나 각자 자리에서 맡은 바 학업과 일을 잘 해내고 있다.

아들 승정이는 한양대학교에서 석사 과정을 밟고 있으며 정석이는 국민대학교 자동차학과를 졸업하고 진로를 찾아갔다. 또 두 아이들이 데리고 다녔던 아이들 중 한 명은 연세대학교 수학과에, 또 다른 한 명은 영화 예비 촬영감독으로 열심히 일하고 있다.

2장

게임으로 배우는 수학

공간도형의 게임, 루미스

학생들은 기하 파트의 2차원 평면을 책이나 칠판에서 설명하면 곧잘 이해하다가도 3차원의 공간도형에서는 이해하지 못해 헤매는 경우가 많다. 이를 제대로 배우기 위해서는 초등 4학년 때 나오는 쌓기 나무나 도형을 이해해야 하는데, 이때 매우 유익한 교구가 바로 루미스다. 루미스는 멘사협회에서 교육에 유익하다고 선정한 멘사 셀렉트 게임인지라 나는 이를 일찌감치 수학 교육에 접목해서 지도해왔다. 특히 루미스는 공간 지각력을 키우는 데도 많은 도움이 되었다.

'돌멩이'라는 뜻의 고대 언어인 루미스는 잉카의 위대한 건설에 바탕을 둔 기하학적인 게임이다. 각기 다른 입체 도형을 다양한 규칙과 조건 속에서 쌓아가는데 맨 위에 가장 많은 면이 보이도록 쌓아간다. 고대 잉카 문명의 석축 쌓기를 표현한 게임으로서 석축을 쌓는 기법과 전략, 전술을 이용해 경쟁하는 수학 보드게임 중 하나다.

루미스 게임 규칙

1. 조각을 쌓을 때는 같은 색깔별로 최소한 한 면 이상이 맞닿게 해야 한다.
2. 완성된 건축물을 위에 보았을 때, 가장 많은 면적을 차지한 게임자가 승리하게 된다.
3. 남은 조각은 본인의 점수에 마이너스가 되므로 주의해야 한다.

루미스 게임 방법

1. 블록 색상별로 팀을 나누고 4개의 마스크 중 하나를 골라 회전 게임판에 끼운다.

2. 첫 번째 순서의 사람이 아무 자리에 블록을 놓는다. 이때, 두 번째 사람부터는 앞사람이 내려놓은 블록에 반드시 한 면 이상이 닿도록 블록을 배치해야 한다.

3. 마스크 모양과 플레이어 수에 따라 정해져 있는 최대 높이를 넘지 않게 블록을 내려놓고 더 이상 블록을 내려놓을 수 없거나 모든 블록을 다 내려놓으면 게임은 끝난다.

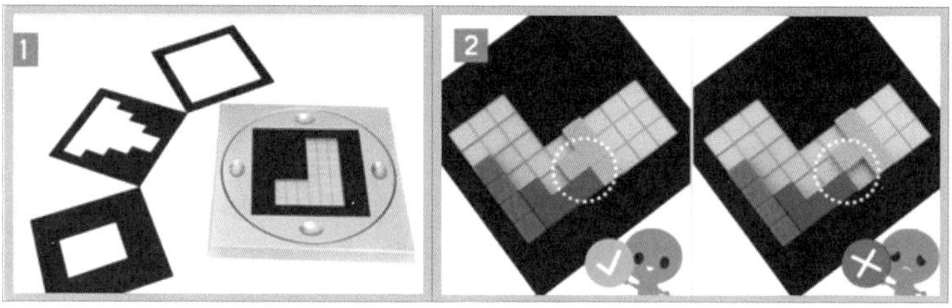

1. 루미스의 기본판은 총 네 종류다. 2. 처음 시작할 때 상대방의 도형과 한 면 이상이 닿아야 한다.

이 루미스 교구를 가지고 15여 년 전에 A 집단과 B 집단으로 나누어 실험을 한 적이 있다. 4~5학년에 나오는 도형 문제를 놓고 A 집단은 문제만 계속 풀도록 시험지를 주었고 B 집단은 이 루미스 교구로 서로 게임만 일주일을 하게 했다.

그런 뒤 모두 모아놓고 난이도 있는 같은 문제로 테스트를 치른 결과 게임으로 익힌 B 집단의 성적이 훨씬 더 좋았다. 오프라인에서 서로 얼굴을 맞대고 이기기 위해 골똘히 생각을 하다 보니 효과가 더 높았다. 나는 이 경험을 바탕으로 본격적으로 수학과 관련된 교구를 수학 교육에 도입하게 되었다.

초등 4학년들(왼쪽)도, 중학생(오른쪽)도 루미스를 이용하면 공간도형을 쉽게 배울 수 있다.

루미스 게임 응용편

1. 블럭들을 사용해서 다음의 큐브 모양을 만들어본다(11개 교구 중 필요한 교구만 사용해서 만들어본다).
2. 어떤 모양의 블록을 사용해서 만들었는지 그려보자.

3×3×3 큐브 만들기(11개의 교구)

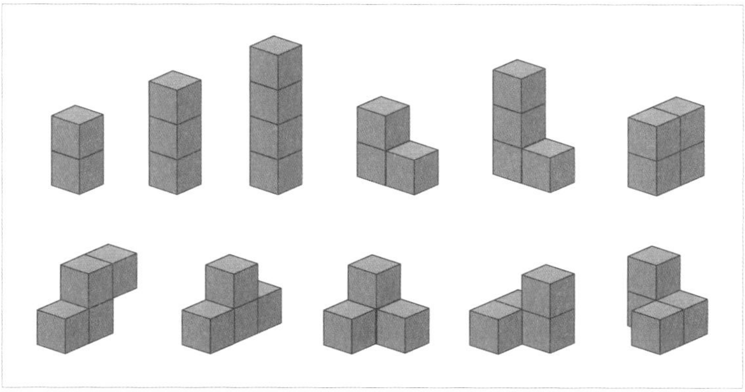

11개의 교구 몇 개를 사용해서 아래의 모양을 만들어보자.

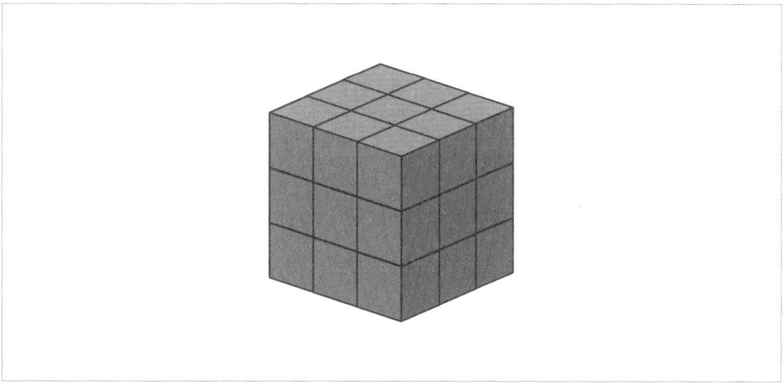

수의 조합, 피퍼

피퍼는 전략을 세우고 빠른 판단을 하여 모든 타일을 내려놓으면 이기는 숫자 전략 게임이다. 피퍼는 학생들이 학년에 상관없이 다들 좋아하는 편이다. 마치 트럼프 카드랑 비슷하기도 하고 중국의 마작과도 비슷하지만 쉽게 수의 크기와 수의 조합을 배울 수가 있다.

이 게임으로 어린아이들은 큰 수, 작은 수를 배울 수 있으며 스트레이트라 하는 연속수를 쉽게 배우게 하는 데 아주 효과적이다. 피퍼 게임을 할 때는 실제로 눈을 감고 안대를 착용한 후 점자를 읽으며 하는데, 이때 아이들은 시각장애인들의 고충을 느끼며 그들을 배려하기 위한 아이디어를 내는 훈련도 더불어 한다.

한국의 대표적인 보드게임인 피퍼는 이처럼 시각장애인과 비장애인이 함께 즐길 수 있도록 기획된 게임으로서 우리나라에서는 매년 피퍼 공식 게임 대회가 열리고 있다. 피퍼 게임의 특징은 빠른 진행과 빠른 판단력이 필요한 숫자 전략 게임이라는 점이다. 따라서 플레이어들끼리 게임의 주도권을 빼앗는 묘미가 있고 자신의 차례마다 긴장감을 마음껏 느낄 수 있는 장점이 있다.

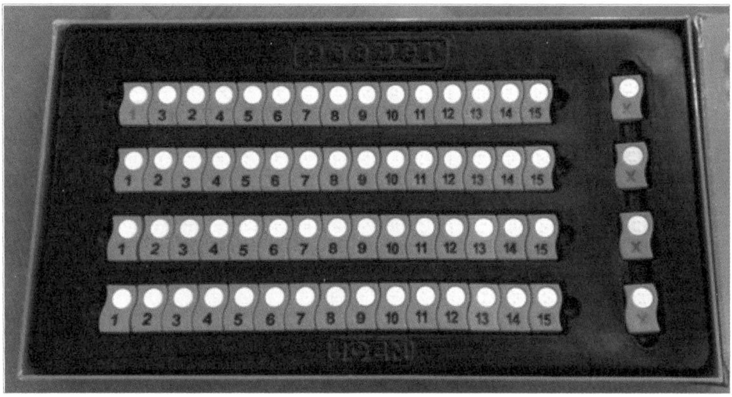

피퍼 게임을 시작하기 전 모두 다 뒤집어서 섞은 뒤 패를 똑같이 나누어 시작한다.

피퍼 게임 규칙

1. 빨간색 1번 타일을 보유한 플레이어가 처음 시작한다.
2. 빨간색 1번 타일을 보유한 플레이어가 없을 경우 1번 타일을 보유한 플레이어가 한 명일 때 그 플레이어가 처음 시작한다.
3. 모든 플레이어가 1번 타일이 없을 경우 나눠 갖지 않은 타일을 한 사람씩 뽑아 제일 높은 숫자가 나온 플레이어가 시작한다.

4. 선을 잡은 플레이어가 내는 규칙을 따르고 선이 내놓은 숫자 타일보다 무조건 큰 숫자 타일을 내놓는다.

싱글(Single)

1. 숫자 타일 한 개를 내놓을 때 싱글이라고 한다.
2. 선을 잡은 플레이어가 싱글로 시작하면 다른 플레이어도 싱글로 내야 하며 선보다 높은 숫자 타일을 내야 한다.

페어(Pair)

1. 같은 숫자 타일 2개를 내놓을 때 페어라고 한다.
2. 선을 잡은 플레이어가 페어로 시작하면 다른 플레이어도 페어로 내야 하며 선보다 높은 숫자 타일을 내야 한다.

스트레이트(Straight) **: 같은 개수 중요**

1. 숫자 타일 3개 이상의 연속된 숫자를 내놓을 때 스트레이트라고 한다.
2. 선을 잡은 플레이어가 스트레이트로 시작하면 다른 플레이어도 스트레이트로 내야 하며 선보다 높은 숫자를 내야 한다.

페어 스트레이트(Pair Straight)

1. 같은 숫자 타일 2개 이상의 연속된 숫자를 내놓을 때 페어 스트레이트라고 한다.
2. 선을 잡은 플레이어가 페어 스트레이트로 시작하면 다른 플레이어도

페어 스트레이트를 내야 하며 선보다 높은 숫자 타일을 내야 한다.

밤원(Bomb 1) : 모든 것을 이길 수 있는 패

1. 같은 숫자 타일 3개의 타일을 사용하며 밤원이라고 한다.
2. 밤원은 싱글, 페어, 스트레이트, 페어 스트레이트를 이길 수 있으며, 순서에 상관없이 쓸 수 있다.

밤투(Bomb 2)

1. 같은 숫자 타일 4개의 타일을 사용하며 밤투라고 한다.
2. 밤투는 싱글, 페어, 스트레이트, 페어 스트레이트, 밤원을 이길 수 있으며, 순서에 상관없이 쓸 수 있다.

X타일

1. X타일은 여러 용도로 쓰일 수 있다. 싱글, 페어, 스트레이트, 페어 스트레이트에 숫자로 사용할 수 있다(단, 밤원, 밤투에는 섞어 쓰면 안 된다).

패스

1. 먼저 한 플레이어가 제시한 숫자 타일보다 숫자가 작거나 없을 경우 또는 전략적 패스를 한다.

피퍼 게임 결과

1. 플레이어들 중 자신이 갖고 있는 타일을 모두 룰에 의해 내려놓으면

승리하며, 가장 먼저 내려놓은 플레이어가 있으면 라운드는 종료된다. 이때 1등을 제외한 나머지 플레이어들은 남은 타일 수가 적은 수대로 순위가 정해진다.

피퍼 게임을 할 때는 먼저 숫자 점자 익히는 방법을 익힌다. 눈을 가리고 손의 촉감만으로 어떤 숫자인지 맞추어보게 하면 된다.

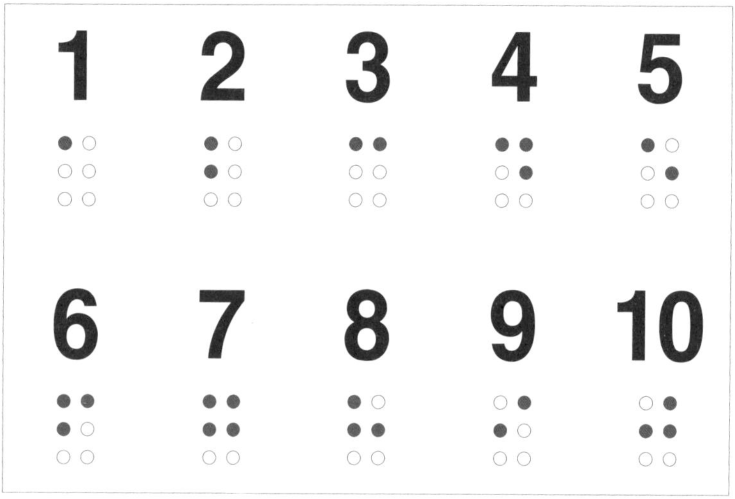

각 번호마다 색깔이 칠해진 부분만 돌출되어 있어서 시각장애인들도 손의 촉감으로 숫자를 구분해 게임을 할 수 있다.

점자를 익혔으면 이제 아이들에게 다음과 같은 질문을 한다.

1. 어떤 점이 어려웠고 무엇을 느낄 수 있었나요?
2. 시각장애인을 배려하는 마음의 일환으로 우리가 할 수 있는 일은 무엇이 있을까요?

3. 우리가 학교 오는 길을 생각해봅시다. 시각장애인 친구들은 어떤 어려움들이 있을까요?
4. 우리의 학교생활을 생각해봅시다. 시각장애인 친구들은 어떤 어려움이 있을까요?
5. 시각장애인들이 조금이나마 편하게 생활하기 위해서 어떤 도움을 줄 수 있을까요?
6. 멋진 아이디어가 있다면 제시해보세요.

행렬 게임,
공간사목

우리 아이들이 어릴 때 구입해서 함께 즐기며 커왔던 공간 사목 게임은 단순하며 누구나 쉽게 즐길 수 있다는 것이 큰 장점이다. 제임스 쿠커 선장이라는 사람이 긴 항해 중 동료들과 즐겼을 정도로 오랜 역사를 가진 게임이라고 한다.

가장 널리 사용되는 것이 6×7 게임이다. 나는 이 게임으로 행렬의 기본 개념을 가르치기도 한다. 게임 규칙은 6×7의 칸에서 4개의 코인을 먼저 만드는 것이다. 가로, 세로, 대각선으로 4개의 코인을 연결하면 이긴다. 상대편이 만드는 코인을 방해하며 새 전략을 짜야 하며, 보드가 가득 찰 때까지 승부를 내지 못하면 비기는 경기다.

이렇게 게임을 해본 뒤 학생들에게 행과 열의 개념을 가르친다. 한 알 한 알 놓을 때마다 몇 행 몇 열인지 외쳐보라고 하면 학생들은 신이 나서 말한다.

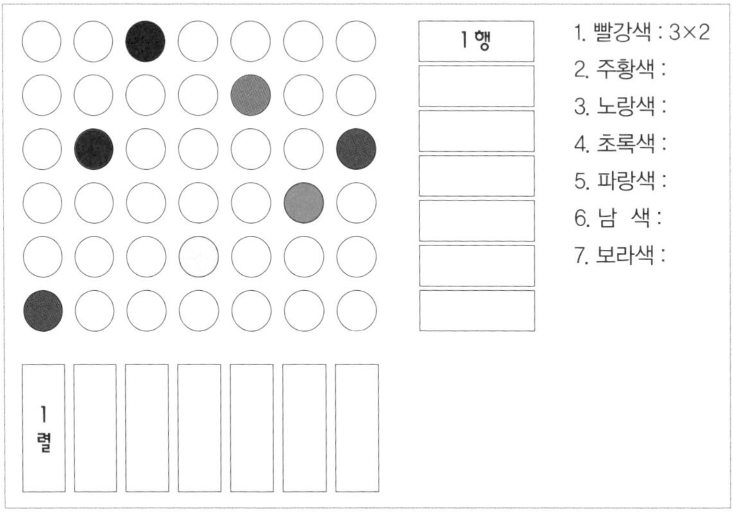

6행 7렬의 행렬 게임에서 행과 열을 써보고 각 색깔별로 몇 행 몇 열인지 맞혀본다.

1. 위 그림에서 곰 인형은 몇 행, 몇 열에 있나요?
2. 1행 2렬에는 무엇이 있을까요?
3. 자동차가 있는 위치를 행렬로 표시해보세요.
4. 책이 있는 위치를 행렬로 표시해보세요.
5. 4행 1렬에는 무엇이 있나요?

흔히 집에 있는 책꽂이에서도 행렬을 공부할 수 있다. 위의 책꽂이는 5행 3렬이다.

행렬은 실생활에서 찾아볼 수 있는 덧셈, 뺄셈, 곱셈, 나눗셈을 쉽게 할 수도 있다. 우리가 살고 있는 지역의 시, 군, 구 또는 읍, 동을 행 단위로 일정한 숫자를 부여하여 행렬로 나타내고 인공위성에서 위치 정보 데이터를 가지고 지도로 나타내는 데 유용하게 쓰인다. 특히 네비게이션이 대표적인 예다.

행렬을 이용한 지도를 보고 다음과 같은 문제를 내는 것도 가능하다.

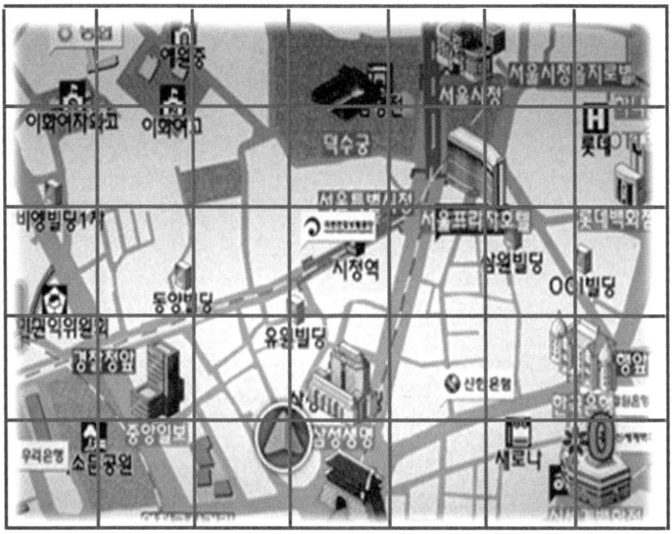

1. 숭례문(남대문)이 위치하고 있는 공간의 위치를 행렬로 표현해보세요.
2. 지도상 3×4의 공간에 위치하고 있는 것은 무엇입니까?

네비게이션은 행렬을 실생활에 적용한 대표적인 사례다.

회전 오목, 펜타고

나는 유독 수학에서 회전 문제가 나오면 헤매는 편이다. 학생들도 나 같은 아이들이 많다는 것을 보면서 수학의 회전 문제(대칭 문제 등)를 펜타고 게임을 통해 극복했다. 펜타고는 우리가 흔히 아는 오목을 요리조리 회전시켜가며 이겨야 하는 게임이다.

펜타고는 스웨덴에서 개발된 신개념 오목 게임으로 기존의 오목과 달리 구슬판 4개를 오른쪽 또는 왼쪽으로 90도 회전시키며 게임이 진행된다. 다양한 변수가 있고 입체적인 생각을 유도하므로 차원 높은 사고를 하게 되며, 기본 규칙 외에 게임자들이 정하기에 따라 다양한 규칙을 더 만들 수 있기에 아주 흥미로운 수학 교구 게임에 속한다.

펜타고 게임 규칙

1. 게임을 할 두 사람이 흰색과 검은색 구슬 중 한 가지를 선택하며 검은색 구슬을 선택한 사람이 먼저 시작한다(검은색 : 하수, 흰색 : 고수).
2. 구슬을 놓은 후에는 구슬판 4개 중 1개를 택하여 왼쪽 또는 오른쪽으로 90도 돌린다(구슬을 놓은 뒤 판을 90도로 돌린다).

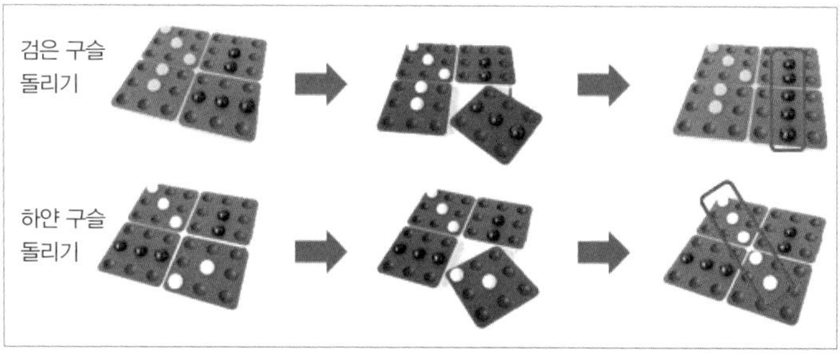

3. 이때 구슬을 놓지 않은 구슬판을 대신 돌려도 된다.
4. 먼저 5개의 구슬을 연속해서 나열해 놓은 사람이 승리하게 된다.
5. 한번 놓은 구슬은 움직일 수 없으며 한 사람이 구슬을 놓은 후 5개가 나란히 되면 이때는 구슬판을 돌리지 않고 바로 승리한다.

펜타고를 이용한 응용 회전 문제

도형의 회전 ①

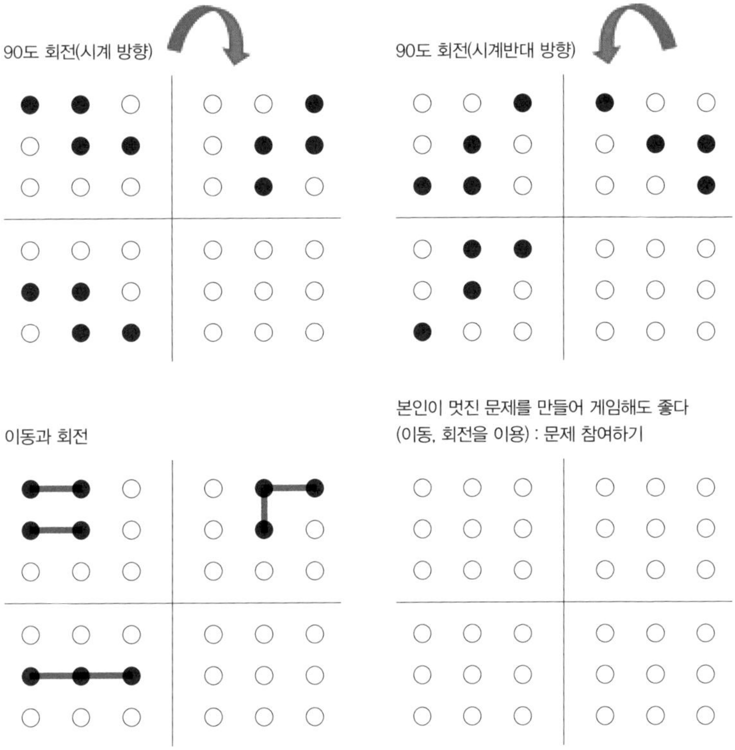

1. 오른쪽으로 90도로 회전해서 마지막 칸을 메워보세요.
2. 왼쪽으로 90도로 회전해서 마지막 칸을 메워보세요.
3. 하나는 이동이고 하나는 회전입니다. 회전과 이동을 동시에 사용해서 마지막 칸을 메워보세요.
4. 자신이 만든 문제를 가족이나 친구에게 제시해보세요.

도형의 회전 ②

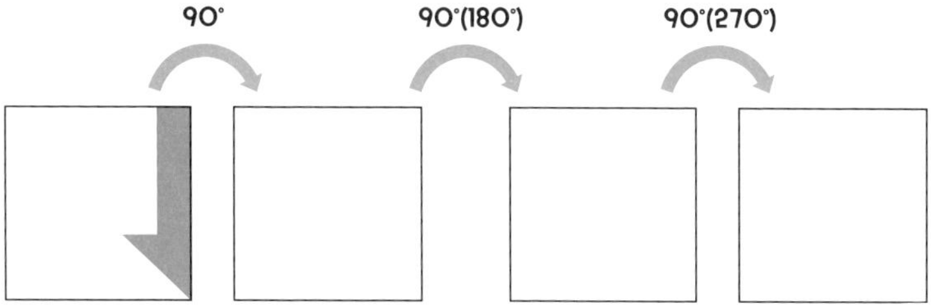

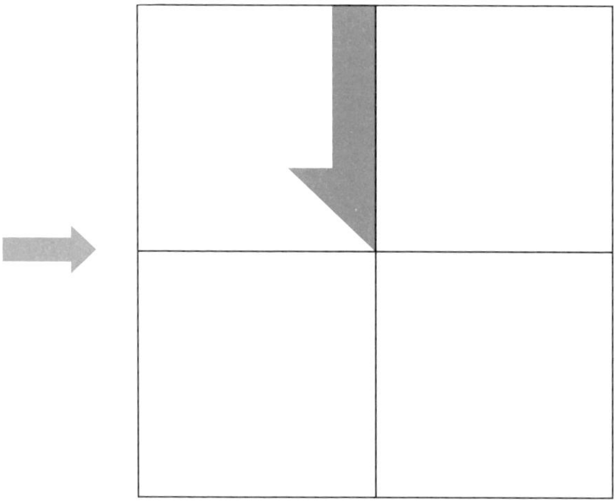

1. 반화살표를 오른쪽으로 90도씩 회전해서 각각 그려보세요.

2. 위에 그려진 모양을 한 군데 모아서 그려보세요. 어떤 모양이 나타날까요?

도형의 회전 ③

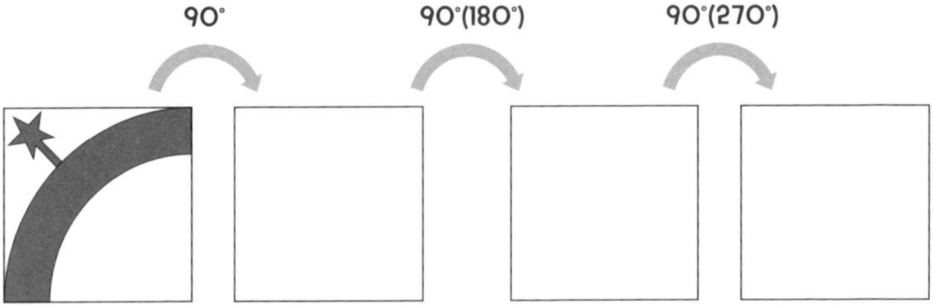

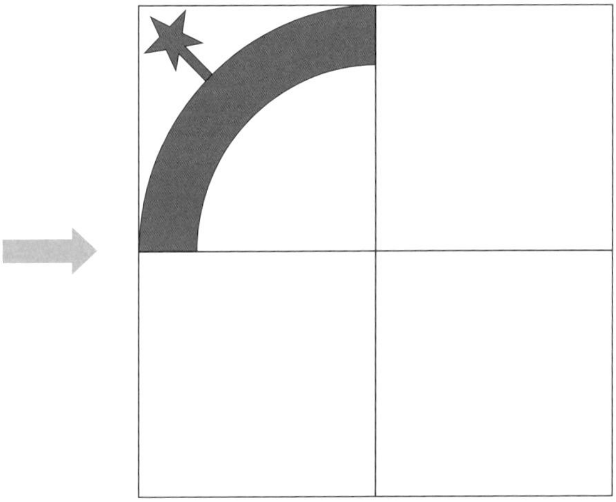

1. 위의 모양을 오른쪽으로 90도씩 회전해서 각각 그려보세요.
2. 위에 그려진 모양을 한 군데 모아서 그려보세요. 어떤 모양이 나타날까요?

도형의 회전 ④

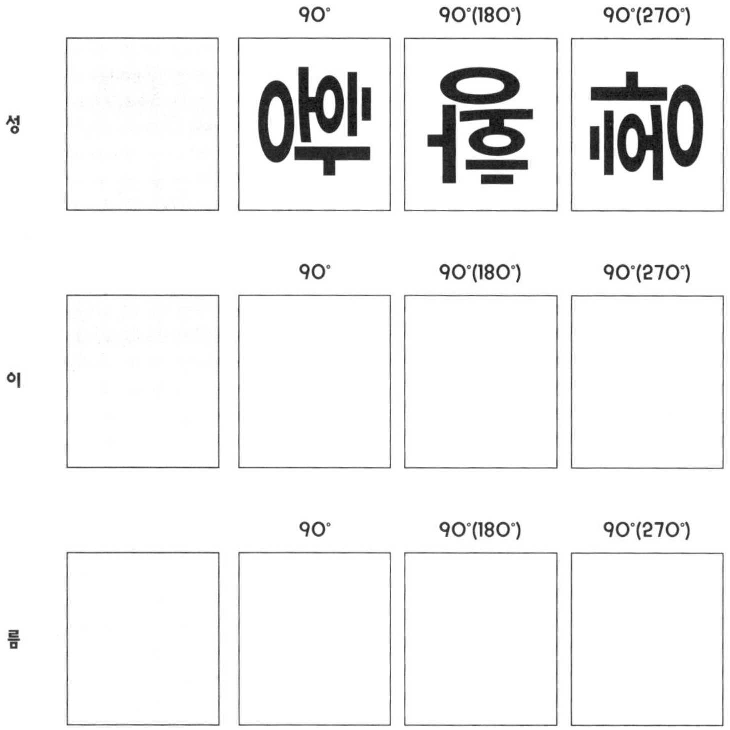

자신의 이름을 가지고 회전시킨 모습을 그려보세요.

이렇게 펜타고 게임을 충분히 연습 한 뒤 응용편으로 위의 문제를 해보게 하면 회전을 좋아하지 않았던 학생들조차 쉽게 그려내는 것을 볼 수 있을 것이다.

교구 대회에서 펜타고 게임을 즐기고 있는 아이들

전략적 사고 게임, 멘사 커넥션

멘사 커넥션은 내가 가장 좋아하는 전략 게임이다. 독일의 수학 박사 라이너 크니치아(Reiner Knizia)가 만든 다인용 추상 전략 게임으로 '게임 플레이상(Spiel der Spiele)', '베스트 패밀리 보드게임상(Golden Geek Award for Best Family Board Game)'을 수상했다.

2004년에 출시된 멘사 커넥션은 인지니어스와 동일한 게임으로 육각형 모양의 게임판과 2개의 육각형 타일로 구성되어 있다. 양끝 모양과 같은 모양이 있는 타일을 연결하여 연결된 개수만큼 점수를 계산하는 방식이다. 이 게임에서 가장 중요한 능력은 순간적인 판단력과 앞을 내다보는 장기적인 안목이다. 2~4인이 즐기는 추상 전략 게임으로 교육적인 효과가 매우 뛰어나다.

멘사 커넥션 게임 규칙

(주의! 처음 시작 시에는 다른 사람의 타일에 붙이면 안된다. 처음 놓은 사람이 불리하다.)

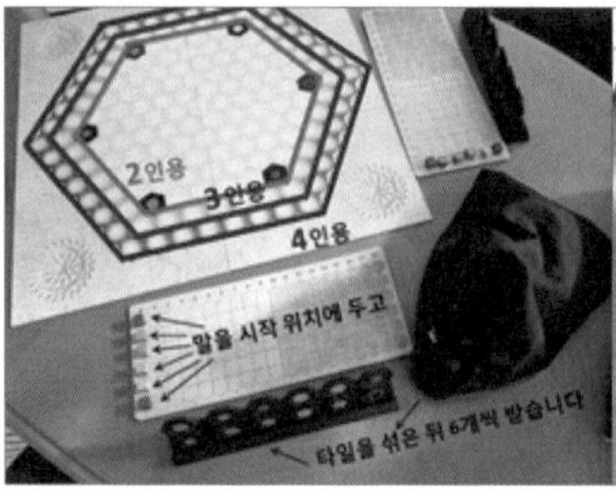

1. 게임 준비 : 사람 숫자에 따라 사용하는 게임판의 크기가 다르다.

2. 차례 행동 : 각 플레이어의 첫 차례에는 다른 사람이 놓은 타일에 자신의 타일을 붙여놓을 수 없다.

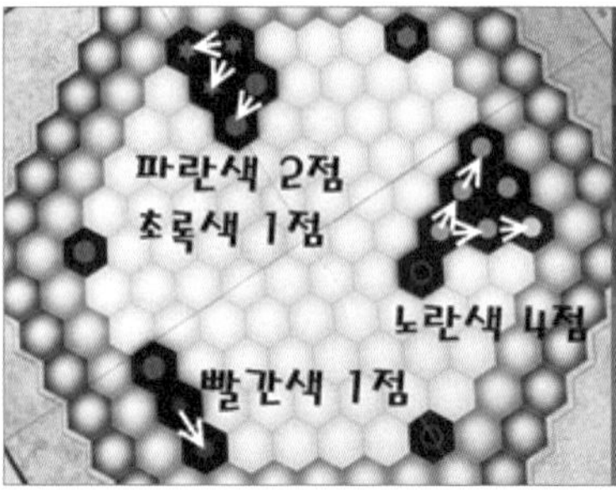

3. 점수 계산 : 내려놓은 타일의 테두리와 직선으로 연결된 같은 모양의 개수만큼 점수를 얻는다.

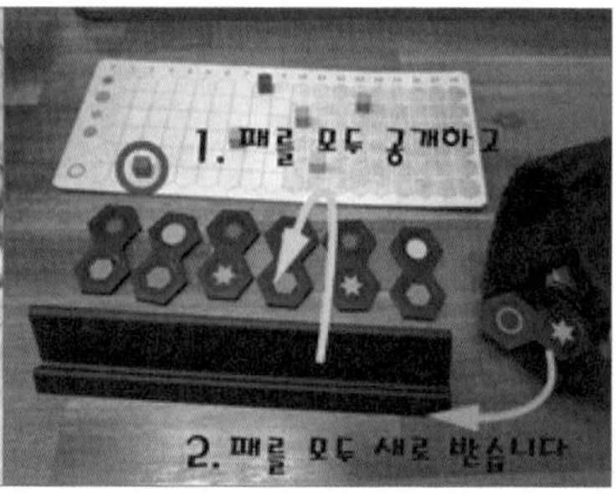

4. 찬스 사용 : 가장 낮은 말이 없다면 그때 다 보여주고 6개 모두를 바꿀 수 있다.

게임을 만들 때 대게는 가장 잘한 것을 자신의 점수로 해서 승부를 가르는 반면 이 게임만큼은 가장 낮은 점수가 본인의 점수가 되어 승부를 가름한다. 이 얼마나 기발한 발상의 전환인가?

이 게임을 이기기 위해서는 첫째, 18점이 넘어 가지게 되는 기

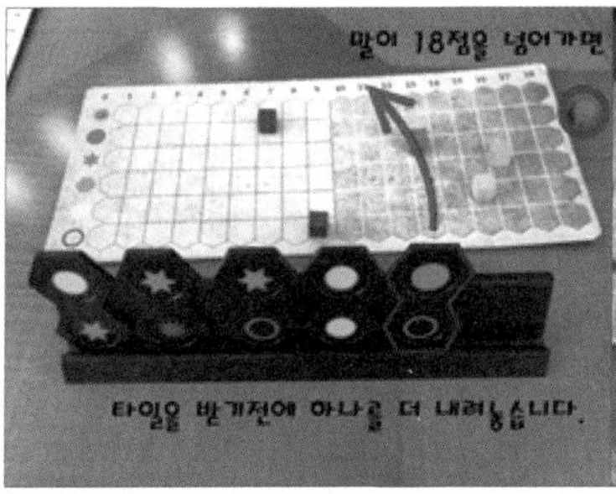

5. 멘사! : 만약 이 행동으로 다른 색의 말이 또 18점을 넘어간다면 타일을 받기 전에 2번 연속 타일을 놓는다.

6.게임 종료 : 더 이상 게임판에 타일을 놓을 수 없게 되면 게임이 끝난다.

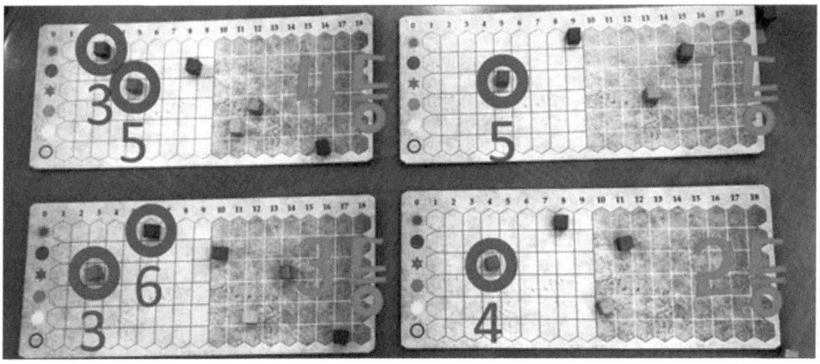

7. 점수 계산 : 점수가 동점인 플레이어끼리는 점수가 가장 낮은 말 하나씩을 제거하고, 다시 점수를 비교하여 승자를 가린다. 가장 낮은 말의 위치가 자신의 점수가 된다!

회를 잘 이용해야 하고 둘째, 가장 낮은 말의 위치(본인의 점수)를 늘 생각하고 나아가야 하며 셋째, 이미 게임판에 많이 놓인 모양의 타일을 활용해야 점수를 얻기가 훨씬 쉽다는 사실을 잘 기억해야 한다.

나는 여기 점수판에서 아이디어를 얻어 '4차 산업 시대(융합의 시대)에는 어떤 리더가 필요할까?'를 주제로 리더십 스코어보드를 만들어 학생 스스로 자신을 체크하게 해보았다.

예)

1. 친구 관계 좋은 사람(관계성)

2. 의사소통이 원활한 사람(의사소통 능력)

3. 타인을 잘 배려하는 사람(배려심)

4. 몰입을 잘하는 사람(집중력)

5. 팀플레이를 잘하는 사람(협동 능력)

6. 호기심이 많은 사람(호기심)

7. 도전 정신이 있는 사람(도전 정신)

8. 능력이 뛰어난 사람(탁월성)

9. 남과 다르게 생각하는 사람(창의성)

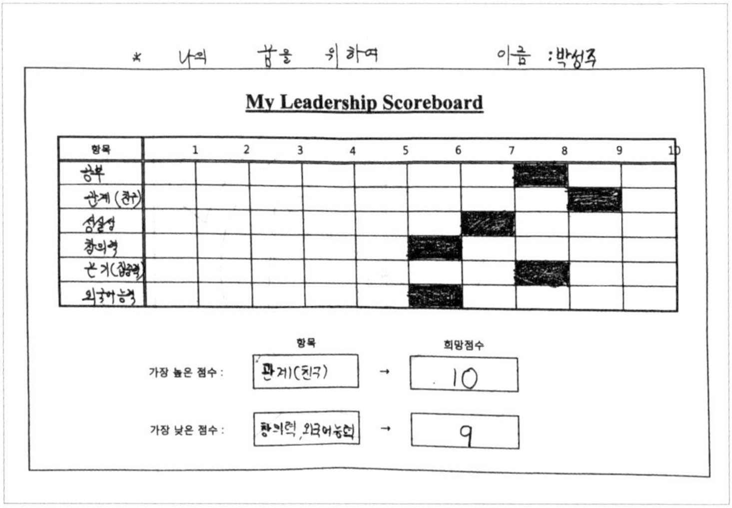

박성주 학생이 작성한 리더십 스코어보드

미래의 인재는 한 가지만 잘해서는 안 된다. 미래의 리더는 다양한 능력을 골고루 갖추어야 하고 자신이 가진 능력을 여러 방면으로 확장해야 한다. 자신이 지닌 단점을 강화한다고 챔피언이 되거나 최고수가 되는 시대는 지났다.

우리 교육은 지금까지 단점을 트레이닝하고 고치느라 대부분의 에너지를 소비하곤 했다. 옳은 방법이 아니라고 생각한다. 나 자신부터 단점투성이였지만, 거의 야단을 맞지 않고 성장하다 보니 수학 선생님이 되고 지금은 수학 전문 학원의 원장으로 이 자리까지 왔다고 생각한다. 내가 지닌 단점을 보강하는 데 힘을 뺐다면 이루기 힘든 일이었을 일이다.

'단점'은 단지 자신이 지닌 장점이 발전하는 데 걸림돌이 되지 않도록 최소한만 관리되고 조정되면 된다. 정작 중요한 것은 자신의 장점이 무엇인지 찾고 그 장점을 강화하는 일이다. 그렇게 할 때에만 성공하는 리더의 자리에 오를 수 있으리라 생각한다.

멘사 커넥션 게임으로 배우는 수학은 바로 벌집 모양의 육각형이다. 보드판에 그려진 육각형의 벌집 모양을 가지고 먼저 육각형에 대해 여러 가지 방법으로 충분히 토론하는 시간을 가져보자. 그런 뒤 벌집이 왜 육각형인지 도형 붙이기 실험을 직접 해보면서 게임을 진행하면 훨씬 더 흥미진진하게 몰입할 수 있다.

정인TV 8화

정인 TV 8화를 볼 수 있는 QR 코드

최단거리 게임, 트래버스

트래버스는 네 종류의 말 8개를 자기 순서에 한 칸씩 이동하거나, 상대방 말을 점프해서 가장 먼저 반대편으로 이동시키면 이기는 게임이다. 게임 말은 다이아몬드와 삼각형, 사각형, 원이 있는데 각 도형의 모양에 따라 게임보드 판에서 움직일 수 있는 방향이 다르며, 모든 게임 말은 모양의 방향에 따라 전진하거나 후진할 수 있다.

동양의 장기와 서양의 체스 게임의 흥미로운 요소들을 고루 갖춘 게임으로 특히 생각을 잘하고 움직이면 여러 번 점프를 해서 한 번에 여러 칸을 이동할 수 있으므로, 전략적인 사고와 통찰력을 키우는 데 많은 도움이 되는 게임이다.

트래버스 게임 규칙

게임 말의 도형 모양에 따라 각 변의 방향대로 움직여야 한다.

1. ▲ 앞쪽 대각선 방향과 뒤쪽으로 직진 가능	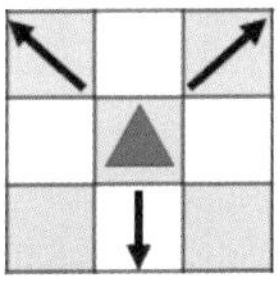
2. ◆ 앞, 뒤 대각선으로만 이동 가능	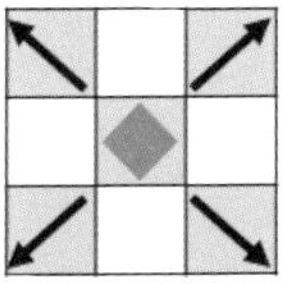
3. □ 사방으로 직선 이동만 가능	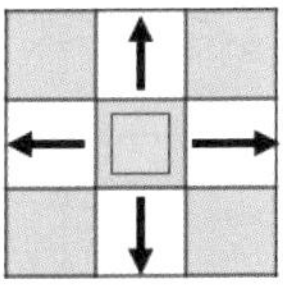
4. ● 모든 방향으로 이동 가능	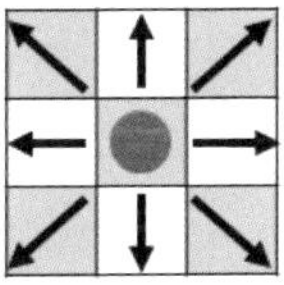

본인의 게임 말 8개 모두 다 맞은편 진영으로 모두 들어가야 이기는 게임이다.

트레버스 게임에서 중요한 것은 건너뛰기(점프)다. 건너뛰기를 얼마나 잘하느냐에 따라 승패가 결정되기 때문이다.

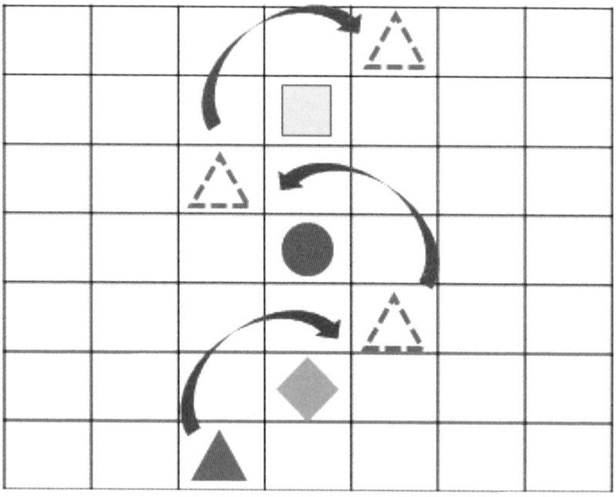

건너뛰기를 잘해야 하고

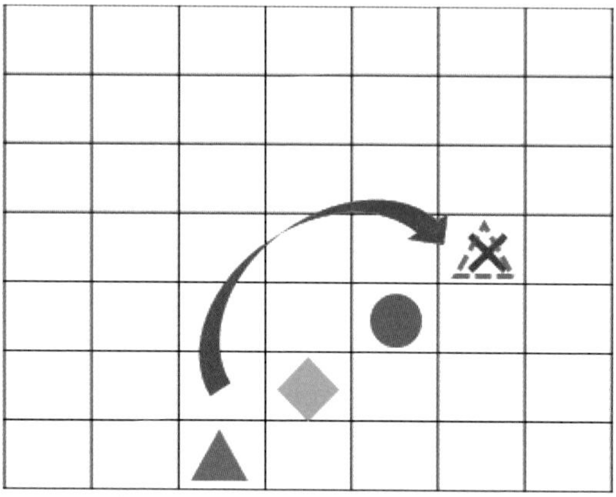

두 칸 건너뛰기는 안 된다.

또한 트래버스 말의 모양을 살펴보면서 여기에 수학적 사고를 적용할 수도 있다. 말의 모양대로 같은 넓이의 도형을 만들게 한 뒤 도형에 따른 넓이 구하기를 배우면 아이들은 좀 더 흥미를 가지고 수학에 집중하곤 한다.

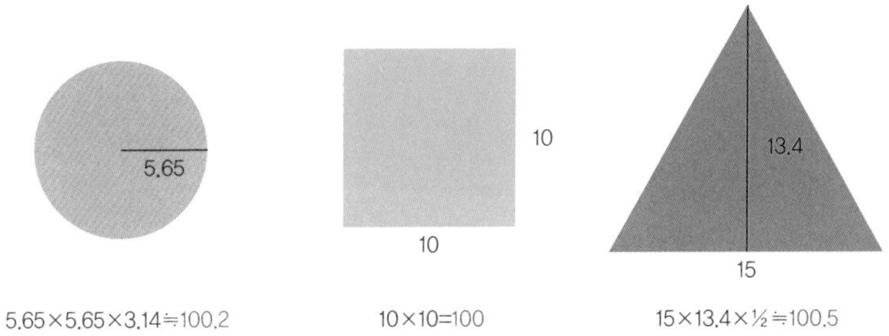

게임을 하면서 다음과 같은 질문을 던지면 도형의 넓이에 대한 감각을 익히는 데 도움이 된다.

"만약 위 도형을 포장한다면 포장지를 가장 많이 사용해야 하는 도형은 어느 것일까?"

트래버스 게임은 최단거리로 상대방의 진영에 먼저 들어가야 이기는 게임이다. 여기서 최단거리는 수학에서 매우 중요한 파트다. 왜냐하면 최단거리를 이용해야 도로를 건설하거나 다리를 놓을 때 비용을 절감할 수 있기 때문이다.

최단거리 구하기

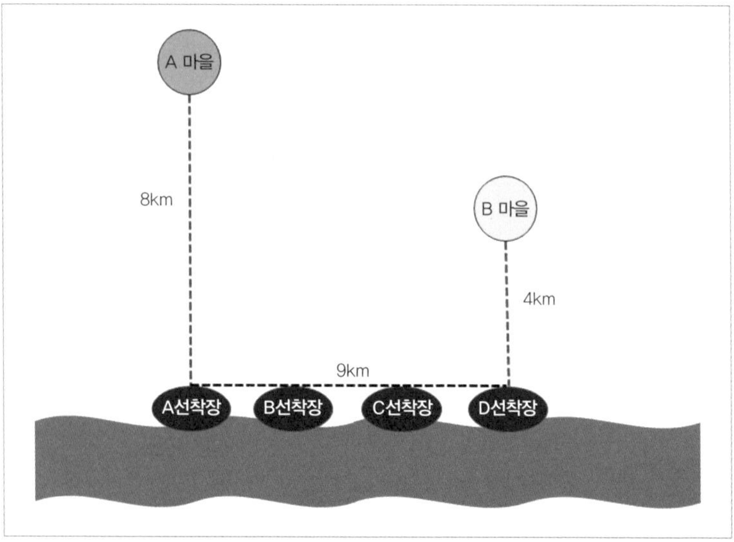

최단거리 문제 예시(중3 과정)

위의 그림과 같이 직선으로 흐르는 강에서 각각 8km, 4km 떨어진 지점에 A, B 두 마을이 있습니다.

A, B 두 마을에 이르는 거리의 합이 최소가 되도록 강가에 선착장 P를 만들때, A 마을에서 어느 선착장을 거쳐 B 마을로 가야 할까요?

이때 최단거리는?

평면에서의 최단거리

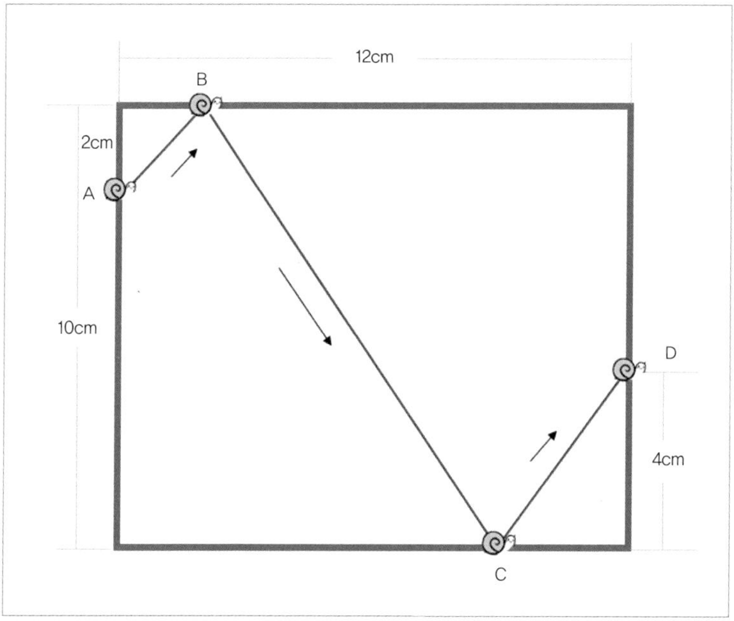

달팽이가 벽에 부딪쳐 A → B → C → D로 옮겨간 최단거리는?

3장

아빠랑 함께하는 수학

아빠! 수학을 잘해서 멘사에 도전할래요

학부모님 중에는 학원에 상담을 오셔서 "우리 아이는 머리는 좋은데 공부를 통 안 해요"라고 말씀하시는 경우가 참으로 많다. 하지만 머리가 좋아서 공부를 잘할 수 있는 경우는 대개 중학교까지인 것 같다. 고등학교부터는 심화 학습으로 사고력과 추리력 그리고 논리적인 사고가 있어야 1~2등급을 할 수가 있고 더욱 착실히 혼자서 파고들어 생각하며 공부를 해야 상위권에 들 수가 있기 때문이다. 중학교까지 단순 머리로 하던 아이들은 고등학교에 가서 결국엔 '수포자(수학 포기자)'가 된다.

"우리도 한때는 천재란 얘길 들었어요", "머리 좋다는 이야기를 쭉 듣고 살았어요"라며 아이들은 내게 항변 아닌 항변을 해온다.

이 아이들은 그동안 엄마에게 이끌려 하기 싫은 공부를 했다고 말하지만 자존감은 바닥을 찍고 있었다. 그래서 나는 고민했다.

'이제는 더 이상 머리 쓰기 싫다고 하면서 손을 놓은 아이들을 벌떡 일으킬 마법의 방법은 없을까?'

멘사, 자존감 회복의 길

그러다가 생각해낸 것이 멘사였다. '자존감이 바닥으로 떨어진 아이들을 어떤 터닝포인트로 다시 회복시킬까'를 생각해서 한 프로젝트 중에 하나가 멘사 테스트에 도전을 하게 한 것이다.

'둥근 탁자'를 의미하는 라틴어에서 유래된 멘사(Mensa)는 그 모임의 규모가 가장 크고 오래된 고지능자의 모임이다. 비영리 단체로서, 인구 대비 상위 2%의 지능지수(표준편차 24 기준, IQ 148 이상)를 가지면 가입할 수 있다. 비정치적이면서, 인종 및 종교 차별로부터 자유로운 사회를 만드는 것이 목적이다.

멘사는 롤런드 버릴(Roland Berrill)과 랜설럿 웨어(Lancelot Lionel Ware)에 의해 1946년 영국의 옥스퍼드에서 설립되었다. 표준화된 지능검사에서 일반 인구의 상위 2%에 드는 지적 능력만을 가진 자만 가입을 할 수 있다. 멘사의 검사 문제를 보면 주로 도형을 유추하는 문제가 많은데 이것을 레이븐스 메트릭스(Raven's Matrix) 테스트라고 한다. 주어진 문제 시트에 그려진 도형을 보고 나머지 도형을 생각해내는 것이다. 이 과정에서 도형의 회전, 부분 가감, 이동 등을 접하면서 논리적이며 종합적인 사고가 필요하게 된다. 우리가 보통 얘기하는 지능검사(IQ 검사)인 웩슬러 지능검사(Wechsler Adult Intelligence Scale)하고는 많이 다른 검사라고 할 수 있다.

큐브 천재 길호

아이들에게는 수학 시험을 만점받게 하든지 멘사에 도전해서 합격을 하든지 둘 중 한 개만 하더라도 하늘을 날 것 같은 신바람 나는 일이 될 것 같다는 생각이 들었다. 그러던 중 마침 이 도전을 시켜볼 만한 학생이 눈에 띄었다. 백길호라는 아이였다. 고등학교 1학년이었던 길호는 중학교 때까지 공부 한번 해본 적이 없다가 이제 막 공부를 해보려고 하는 학생이었다. 하지만 중학교 수학도 낯선 길호에게 고등학교 수학은 외계어나 마찬가지였다. 공부에 아무런 재미를 느끼지 못한 길호는 늘 표정도 없고, 반응도 시큰둥했다. 목표도 없고 하고 싶은 것도 마땅히 없어 보이던 길호가 어느 날 내 책상 위에 있던 큐브를 보더니 쓱쓱 요리조리 맞추는 것이 아닌가?

"와우, 길호야. 큐브를 맞출 줄 아는구나 !"

"네. 큐브는 어릴 때 그냥 혼자 가지고 놀곤 했어요."

"그래? 멋진데?"

바쁘신 부모님을 둔 길호는 항상 집에서 큐브를 가지고 놀았던 것이다. 큐브는 도형 감각과 공간 감각이 있어야 할뿐더러 집중력이 필요한 놀이인데 공부에 흥미를 느끼지 못했던 길호가 큐브를 척척 맞추는 모습을 보고 놀라움을 느꼈다. 그래서 나는 길호에게 멘사 테스트에 도전할 수 있는 기회를 주기로 했다. 멘사 테스트를 보기 전에 연습을 할 수 있도록 《IQ 페스티벌》이라는 책을 가볍게 건네주었다.

"그러면 이 책 한번 풀어올래?"

"다 풀어오면 뭐 줄 건데요?"

"뭘 원하니?"

"짜장면요!"

"짜장면 정도야 당근 사주지."

이렇게 시작된 길호의 도전에서 나는 길호와 공부 사이의 접점을 찾게 되었다. 길호는 그 책을 아주 잘 풀어왔고 수학 문제집과는 전혀 다른 형태와 차원의 문제들이었기에 매우 재미있고 흥미진진하게 풀었다고 했다. 그 후 멘사 테스트에서 길호는 당당히 합격했다.

멘사 테스트 합격은 가장 먼저 길호의 부모님을 놀라게 했다. 길호의 부모님은 두 분 다 바쁘셔서 길호에 대해 자세히 모르고 계셨기에 길호가 IQ 148 이상만 가입할 수 있는 멘사협회 회원이 되었다고 하자 놀랄 수밖에 없었던 것이다. 공부에 대한 자신감이 붙은 길호는 이때부터 학업에 매진하기 시작했다. 추석 연휴 때조차도 아무도 없는 학원에 혼자 나와 공부에 매진했고, 매번 일취월장하여 성적이 크게 올라 대학에 진학하게 되었다.

멘사 합격 후 백길호가 보여준 모습들은 다른 아이들에게도 아주 좋은 본보기가 되었다. 길호의 뒤를 이어 많은 아이들이 멘사 테스트에 도전하기도 했고 합격뿐만 아니라 이후에도 회복된 자존감으로 공부에 더 열중하는 모습들을 보여주었다. 멘사의 도전이 아이들에게 자신감을 심어주고 높아진 자존감이 곧 공부에 매진하는 길로 갈 수 있도록 하는 좋은 결과를 나타낸 것이라고 할 수 있다.

실패 연습하기

어떤 일을 성공하기까지 실패 없이 단번에 이루어지는 경우가 얼마나 될까? 그런데 우리나라의 교육 현장과 부모님들은 자녀들에게 실패를 통해 배우게 하는 교육이 없는 것 같다. 걸음마를 배우는 시기부터 아이가 넘어지면 스스로 일어나도록 기다려주어야 하는데, 넘어지면 얼른 달려가 일으켜 세워주기에 바쁜 부모들이 많다. 위험하지만 않으면 조금 기다려주면서 아이가 스스로 일어서서 제대로 걸음을 걸을 때까지 기다려주어야 하는데 말이다.

게다가 어떤 부모님들은 자녀의 작은 실수조차 계속 지적하다 보니 아예 어떤 것도 시도조차 안 하고 적당히 하려고 하는 아이들이 점점 많아진다. 수많은 실수와 실패를 통해 성장하고 성공의 길로 갈 수 있는데 매우 안타까운 일이다.

실패로 거듭나는 길

'중국의 빌 게이츠'라고 불리는 마윈(馬雲) 회장은 알리바바를 세계적인 전자상거래 기업으로 키웠고 지금은 은퇴를 선언했다. 마윈의 젊은 시절은 실패의 연속이었다고 한다. 마 회장은 중학교 시험에서조차 세 번이나 떨어졌고 대학입시에도 세 번이나 떨어졌으며 간신히 항저우 사범대학을 졸업하고 영어 선생이 되기까지 취업 준비에서도 30번 넘게 떨어졌다고 한다. 중국에 진출한 KFC 지원자 24명 중 딱 한 명인 마 회장만 떨어졌다고 하는 얘기도 있으니, 마윈은 실패하는 데는 도가 튼 사람이라고도 볼 수 있었다. 그러나 아마도 이런 실패들을 수없이 겪었기에 알리바바를 이렇게 세계적인 기업으로 키울 수 있었다고 본다.

주위를 살펴보면 우리 주변에도 실패를 딛고 일어선 수많은 작은 거인들이 있다는 것을 알 것이다. 나는 오랜 지인인 KMA 한국능률협회 임상철 상무를 존경한다. 만나면 늘 유쾌, 통쾌, 명쾌하신 분이다. 이분의 책 《창조경제시대의 일자리》에도 나오지만, 이분이 만들어낸 직업만 해도 우리가 익숙하게 들어본 '웨딩플래너', '병원 코디네이터', '천연비누 제조사' 등 수십 가지가 넘는다. 이분은 IMF 이후 쏟아져나온 수많은 실직자들과 결혼과 육아로 인해 경력이 단절되었던 주부들에게 새로운 일자리를 창출해준 일명

‘일자리 창출 장관’으로 불리고 있다.

그러나 임상철 상무에게도 시련은 있었다. 고등학교 3학년 대학 학력고사 시험을 1일 남겨둔 추운 겨울날이었다. 여느 때와 마찬가지로 자취방은 늘 싸늘했다. 밤늦은 시간 연탄불을 갈고 책상에서 늦게까지 문제를 풀고 잠이 든 것 같은데, 그 길이 사경을 헤맬 만큼 심각한 사투의 시간이 될 줄은 임 상무 자신도 미처 몰랐다. 연탄가스를 심하게 먹어 뇌기능에 손상을 입은 것이다.

그 이후로 임 상무의 기억력은 뚜렷이 나빠졌다. 외우는 기능이 현저하게 떨어지는 데다 알고 있는 수학 문제도, 역사, 국어, 영어도 안개 속같이 뿌연 기억으로 느껴졌다고 했다. 당연히 시험은 엉망이었고 대학도 떨어졌다. 그 뒤 임 상무는 군 제대 이후 지금의 KMA 한국 능률협회 비정규직(수당직)으로 입사했고 회사에서 유일한 고졸 사원으로서 ‘인간문화재’라는 별명까지 얻었다.

임 상무는 이후 학벌의 한계를 극복하기 위해 대학에 도전했다. 그러나 다섯 번이나 실패했고 여섯 번의 도전 끝에 그렇게 가고 싶었던 대학이라는 곳에 입학할 수 있었다. 고등학교 졸업 후 10년 늦깎이로 대학에 입학한 셈이다. 임 상무의 도전은 그것으로 끝나지 않고 연세대학교 교육대학원을 졸업하고 서울여대 겸임교수, 대한민국 신직업개발분야 최다 개발자가 되어 그 공로로 일자리 창출 분야 대통령 표창을 받기도 했다. 지금도 임 상무는 대한민국 일자리 창출 현장에서 늘 새로운 것을 만들어내고 있다. “세상은 꿈꾸는 자의 것이다”라는 좌우명을 실천하며 600만 불 사나

이의 에너지와 청년의 열정으로 아무도 생각지 못하는 것을 창조해나가는 임 상무의 모습은 늘 나를 감동시키고 자극시킨다.

아이들에게 실패를 가르치기

나는 이렇게 실패를 통해 성공한 분들의 이야기를 아이들에게 많이 들려주는 편이다. 모두들 화려한 성공만 이야기하는 데 비해 어렵고 힘든 상황을 극복한 사람들의 실패를 통해 배워야 하는 교훈들을 들려주다 보면 아이들도 실패가 두려워 도전을 안 하게 되는 일은 없었다.

형철이는 중학교 2학년 때 나에게 왔다. 중학생이었던 형철이는 초등 5~6학년 정도의 복잡한 수학 계산은 제대로 못하는 아이였다. 석차가 전교 356등 중 350등 정도로 거의 꼴찌에 가까운 성적표를 받았고 공부 습관도 제대로 잡혀 있지 않았다. 형철이는 장로님이신 아버지께 이끌려서 학원으로 왔다.

"하라는 공부는 안 하고 만날 싸움질이나 하는 아들입니다. 제가 사업한답시고 아들을 돌볼 수가 없었답니다. 그래도 자식을 포기할 수가 있어야지요. 원장님, 이렇게 못하는 아이도 공부를 잘할 수가 있겠습니까?"

형철이는 이렇게 말하는 아버지 옆에서 뿔이 잔뜩 난 표정으로 서 있을 뿐 공부에는 전혀 관심이 없어 보였다. 더더욱 정규반 수업에는 들어갈 수가 없어서 거의 일대일 수업으로 진행할 수밖에 없었다.

"형철아! 공부를 잘하고 싶니?"

"공부 잘하고 싶지 않은 아이가 있어요?"

퉁명스레 답을 하는 형철이에게 나는 "만약 공부를 잘하게 되면 무엇을 할 건데?"라고 물었다. 형철이는 대답했다.

"일단 공부 잘한다고 잘난 체하는 아이들한테 본때를 보여주고 싶어요."

"으잉? 본때라고?"

나는 깜짝 놀라 형철이에게 말했다.

"그런데 말이야 공부를 잘해야 한다는 것은 이다음 많이 나누라고 하는 거란다. 나를 먼저 잘 채워서 나의 잔이 넘치게 되면 다른 사람들에게도 많이 나눠줄 수 있지 않겠어? 대신 포기만은 하지 말고 함께 끝까지 해보자꾸나!"

"네."

교과서를 가져다놓고 아주 쉽게 천천히 개념 설명을 해준 뒤 몇 문제를 과제로 내주면 형철이는 그 몇 문제를 가지고 몇 날 며칠을 푸느라 씨름을 하곤 했다. 개념을 잘 설명해줘도 중학교 수학 개념을 이해하지도 못했을 뿐 아니라 계산마저도 서툴러 문제를 풀 수 없었는데도, 형철이는 계속 질문하고 다시 생각해서 끝까지 문제를 붙잡고 늘어지는 노력을 멈추지 않았다. 형철이의 그런 모습이 정말 기특했다.

"형철아 ! 그만 할까?"

"아뇨, 다시 해볼게요."

"그래, 다시 하는 거란다."

형철이와 나는 이렇게 차근차근 수학을 밟아나갔다.

싸움꾼이 공부꾼으로

싸움질에서도 지기 싫어 죽기 살기로 덤벼드는 형철이를 누가 당해내겠는가? 공부에서도 성격 그대로 승부 근성이 드러나다 보니 결국에는 그 문제를 풀 때까지 계속해서 붙들고 씨름하기 시작했다. 지우고 다시 풀고 지우고 다시 풀고의 수많은 자잘한 실패를 극복해내는 연습을 수학으로 하고 있었다.

형철이는 문제의 개념과 풀이 과정을 자기 것으로 만들어내기 위해 공부를 자기보다 잘해서 때려주고 싶다는 친구에게 도움을 요청했다. 친구의 도움을 받아 설명을 듣고 이해하면 형철이는 바로 자신보다 수학을 못하는 친구에게 가서 설명해주고 가르쳐주었다. 그런 일이 반복되다 보니 싸움꾼이 공부꾼으로 바뀌어갔다.

그동안 다른 친구들과 비교해 공부는 딸리고 싸움밖에 잘하는 것이 없으니까 목에 힘을 주고 다니면서 애들을 때리는 것으로 자기 힘을 과시해왔던 형철이는 이제 수학이 재미있어지자 수학 문제를 가지고 친구들과 어울리기 시작했다. 그러다 보니 친구들도 많아지고 모범생으로 변해갔다.

이렇게 지우고 다시 하고 지우고 다시 풀어내면서 끝까지 노력한 형철이는 고등학생 때에는 수학 성적이 전교 10등까지 올라갔다. 이런 작은 성공을 통해 뭔가를 이룬 경험이 있는 형철이는 어떤 일을 해도 실패를 두려워하지 않고 도전할 수 있는 힘이 길러졌을 것이라고 본다. 수학 문제를 풀어가면서 얻은 결과도 중요하지만 그 과정 과정에서 배우는 인내와 도전은 무엇과도 바꾸지 못하는 큰 힘이 되었으리라 믿는다.

체험 수학, 슈필마테

《수학으로 이루어진 세상》의 저자 키스 데블린(Keith Devlin)은 일상에서 보는 모든 사물, 현상 등 그 배후에 수학이 도사리고 있을뿐더러 과학으로 증명하지 못한 것을 수학으로 찾을 수가 있었다고 한다.

1960년대의 어느 날 영국 옥스퍼드 대학교의 수학자 제임스 머레이(James Murray)는 어린 딸에게 러디어드 키플링(Rudyard Kipling)의 이야기책《표범의 얼룩무늬는 어떻게 생겨났을까》를 읽어주고 있었다. 그런데 그 이유가 정말 궁금했던 딸아이가 물었다.

"아빠, 표범의 얼룩무늬는 진짜 어떻게 생겨난 거예요?"

머레이는 그 이유를 알지 못했고, 최고의 생물학자를 여럿 알고 있었으므로 곧 알아오겠노라고 약속했다. 그는 학교에서 생물학자들을 만나 물어보았다. 그렇지만 놀랍게도 그의 질문에 시원하게 답을 내놓는 사람이 아무도 없었다. 그가 만난 생물학자들은 동물 가죽의 알록달록한 천연색이 멜라닌이라는 화학물질 때문이며, 멜라닌은 피부 바로 밑에 있는 세포에서 생성된다는 사실을 알고 있었다.

그렇지만 왜 얼룩무늬인가? 과학도 그 문제를 속 시원히 설명하지 못했다.

그 뒤 미국 시애틀의 워싱턴 대학교로 자리를 옮긴 머레이는 드디어 동물의 피부가 멜라닌을 생성하는 과정에 관한 수학적 모델을 개발했다고 한다.

이렇듯, 화학이 그 답을 주지 못했던 표범의 얼룩무늬에 대한 답을 수학이 줄 수 있었다고 이 책은 소개하고 있다.

수학은 셈의 학문만이 아니다

우리는 흔히 수학을 단지 셈이나 하는 학문이라고 생각한다. 그러나 그것은 수학의 극히 일부분에 지나지 않는다. 수학은 질서에 관한, 패턴과 구조에 관한 그리고 논리적인 관계에 관한 학문이다.

수학은 우리가 살고 있는 세상에 관한 것이며 흔히 얘기하는 것처럼 지루하고 흥미 없기는커녕 온갖 유형의 창조성으로 가득 차 있는 학문이다.

나 역시 수학을 가르칠 때마다 자연 속에 숨어 있는 수학을 발견하고는 감탄을 감추지 못한다. 창조주께서 지으신 세상에 숨어 있는 수많은 원리들을 수학자들이 찾아내서 증명하고 정리해놓은 것이 바로 수학이지 않은가?

그렇다고 나는 수학자도 아니고 수학을 뛰어나게 잘하는 사람도 아니다. 나는 그저 아이들에게 수학 티칭을 하는 수학 선생일 뿐이다. 단지 수학 티칭을 쉽고 재미있게 하려고 애쓰다 보니 수학과 관련된 보드게임을 가져다가 접목하거나 종이접기를 이용한다든지, 간단하게 모눈종이를 활용해 수학의 개념과 원리를 눈으로 확인하게 하면서 다양한 종류를 수업에 활용하려 애쓸 뿐이다. 그래서 늘 "수학도 과학처럼 체험하고 실험할 수 있게 하는 방법은 없을까?"를 고민한다.

슈필마테는 과학이 할 수 없는 것을 하는 수학을 조금 더 쉽고 재미있게 가르칠 수 있도록 만든 교구 수업이다. 기존의 재미없는 주입식 수학 수업을 체험과 놀이를 접목해 가르치는 데 중점을 두고 개발된 것으로, 융합 사고력, 융합 체험을 중심으로 수학 교육의 새로운 문화를 만들어가는 데 중점을 두고 있다.

슈필마테 교구의 유용성

다음은 초등학교 교과서에 나오는 '비와 비율 문제' 또는 '비례식 문제'가 고등부에서 내심과 외심의 문제로 연계되는 것을 보여준다. 이때 슈필마테 교구를 이용하면 아주 쉽고 간단히 문제를 풀 수 있다. 무게랑 거리를 곱해서 같은 값이 나오는 곳에 앉아야 균형을 이루기 때문이다.

〈고1 교과서〉(신사고)

몸무게가 서로 다른 두 사람이 앉은 시소가 평형을 이루려면 무거운 사람은 시소의 받침점으로부터 가까운 곳에, 가벼운 사람은 먼 곳에 앉아야 한다. 여기에는 다음과 같은 지레의 원리가 숨어 있다.

오른쪽 그림과 같이 무게가 m_1, m_2인 두 물체가 지레의 받침점 P로부터 각각 d_1, d_2만큼 떨어져 있는 지점 A, B에 놓여 있을 때, 지레가 평형을 이루려면

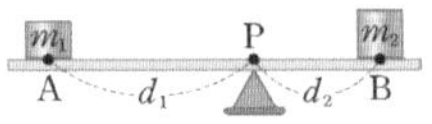

$$m_1d_1 = m_2d_2$$

가 성립해야 한다. 즉 물체의 무게와 받침점으로부터의 거리의 곱이 서로 같아야 한다.

〈슈필마테 수학〉

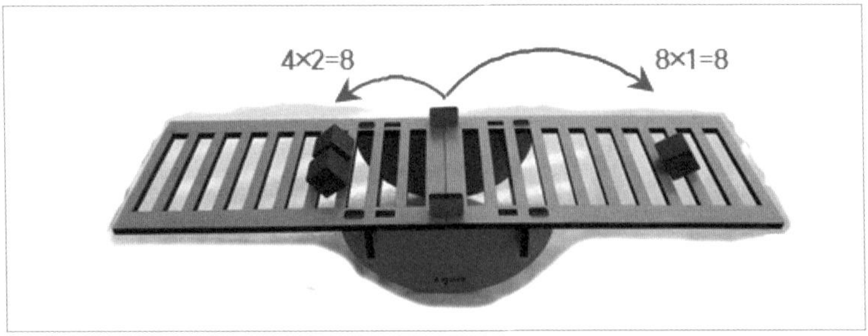

거리×무게가 같아야 평형을 이루기 때문에 슈필마테 교구를 통해 실제적으로 체험한 학생들은 이러한 문제를 쉽게 풀 수가 있다.

〈고1 교과서〉(구 미래엔)

지렛대가 지면과 평행을 이루면, 지렛대의 양 끝에 작용하는 두 힘의 크기에 각각 반침점까지의 길이를 곱하였을 때 두 값은 서로 같다. 다음 그림과 같이 지렛대의 한 끝에 무게가 90 kg인 바위가 올려져 있을 때, 다른 한 끝에 몸무게가 60 kg인 사람이 올라갔더니 지렛대가 지면과 평행을 이루었다. 이때 지렛대의 받침점은 A, B, C, D 중 어느 위치에 있는지 말하여라.

(단, A, B, C, D는 같은 간격으로 놓여 있다.)

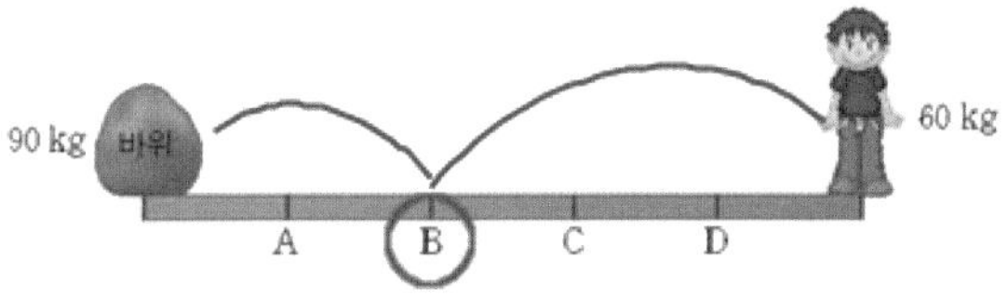

의사보다 창업

보건복지부에서 발표한 '국민보건의료 실태조사'를 보면, 전국 보건 의료기관에서 근무하는 의사의 월 평균임금은 2016년을 기준으로 1,304만 6,000원이었다. 연봉으로는 약 1억 5,656만 원이다. 한국 의사들이 평균적으로 정규직 노동자보다 4.6배, 비정규직 노동자보다는 8.7배 더 많이 번다는 말이다[〈뉴스데일리〉(2018. 03. 15.)].

위의 기사에서 보시다시피 의사의 월 평균 급여가 일반 정규직 급여의 4.6배가 되는 실정이다 보니 현 입시에서 전교 톱인 아이들은 온통 의대에 가기 위해서 안간힘을 쓰고 있는 실정이다. 수재들이 과학고에 가서도 결국 의대로 전환하는 사례를 보면 개인적으로 이 대한민국의 미래가 걱정이 된다. 자식을 명문대 의대에 보내기 위해 온갖 편법을 다 동원하는 드라마 〈스카이 캐슬〉이 많은 시청자에게 공감을 불러일으킨 것도 다 이런 우리 교육의 민낯을 보여주는 증거라 할 수 있다.

로켓 박사 정우

의사의 길로 가는 것이 나쁘다는 것도 아니다. 존경받는 의사 선생님들도 얼마나 많은가? 지금처럼 노령화가 급속히 진행되고 있다 보니 치매나 중증 환자들이 대거 늘어나고 있는 추세에 의사는 더 보충되어야 할 것이다.

그러면 4차 산업의 주요 핵심 산업들은 누가 일으켜야 할까? 우수한 인재들은 다들 의사 한다고 난리니 말이다. 누가 창업을 해서 이 나라의 미래 산업을 이끌어가야 할까? 나는 창업 열풍이 더 많이 일어나서 구글이나 페이스북처럼 한두 사람의 창업으로 수많은 사람들을 먹여 살리는 거대한 일들이 이 대한민국에서 일어났으면 하고 바라기 때문에 창업을 강조해야 하고 벤처기업들을 지원해줘야 한다고 생각한다.

정우는 중학교 2학년 때 처음으로 내게 왔다. 정우는 얼굴도 잘생겼고 성품도 좋은 영국 신사 같은 모습의 아이였다. 유학을 다녀와서 영어를 아주 잘했고 손재주 또한 매우 뛰어났다. 정우의 부모님과 만나 상담을 하는데 "정우는 이제 수학만 보강되어 잘하면 의대를 보내고 싶습니다"라고 의대 진학 희망을 말씀하셨다.

부모님이랑 이야기를 나누는 동안 정우의 표정은 그다지 좋아 보이지 않았다. 부모님께서 원하셨기에 그냥 의대에 가는 것을 목표로 공부하기로 애써 마음먹고 왔지만, 사실 정우는 어릴 때부터 호기심과 손재주가 뛰어나서 '물 로켓 대회', '녹색성장생활발명대회(창조과학부장관상)', '공군 참모총장배Space challenge(대상)', 'Kama 자유비행부문(서울시 주최 금상)', '전국 청소년 모형항공기 대회(금상)', '항공우주과학 경진대회(대상)' 등에서 우승을 하면서 공대 지망을 원하고 있었다.

무언가를 만들어내는 재주가 탁월한 데다 성격까지 좋아서 함께 공부하던 형, 동생들과도 두루두루 잘 지내는 보기 드문 성품의 아이라, 동생들은 정우를 마치 친형처럼 따랐고 형들은 정우를 많이 아꼈다. 정우 역시 동생들을 잘 돌보는 모습에서 요즘의 외동아들 같지 않은 모습을 많이 보여주었다.

나는 이렇게 배려심이 많고 창의적인 아이디어가 넘치는 정우가 자신이 좋아하는 공대에 가서 창업의 길로 들어서면 무언가 멋진 것을 꼭 이루어낼 수 있으리라 생각했다.

그래서 어느 날 정우를 불러 이렇게 물어보았다.

"정우야, 의대 준비 공부하는 거 괜찮니?"

"물리는 쉬운데 수학이 좀 힘들어요. "

"내가 보기에도 그런 것 같구나. 외국에서 공부하다 오면 대체로 수학은 힘들어한단다. 그런데 물리를 잘하니 수학도 금방 따라

잡을 수 있을 거라 본단다."

"아, 네."

"정우야, 어린 동생들이 너를 많이 따르는 것 같구나. 어린 동생들을 잘 돌보기가 쉽지가 않은데 말이다."

"하하하, 감사합니다."

"정우야, 너는 왜 의사가 되고 싶니?"

"음…… 잘 모르겠어요. 사실 부모님이 원하셔서 공부하는 거예요."

"그렇구나. 그러면 어떤 의사가 되고 싶니?"

"그것도 잘 모르겠어요."

"그러면 정우야, 혹시 공대에 갈 생각은 없니? 내가 보기엔 말이야. 너는 의대에 가도 잘할 수 있을 거야. 하지만 손재주와 감각도 있으니 의대보다는 차라리 공대가 어떻겠니?"

내가 말하자 정우는 잠시 생각하더니 답했다.

"저한테 공대가 더 맞을까요?"

"응. 공대에 가서 창업을 해도 되고 또 큰 회사에 들어가서 이공계 출신의 CEO가 되면 더 멋진 일들을 할 수 있을 것 같은데. 게다가 넌 영어도 잘하니 세계로 진출하는 데도 유리하고 말이야."

"사실, 저는 피를 봐야 하는 의사 공부보다는 뭔가 만들어내는 공대에 가고 싶었어요."

"그래? 와우!"

"사람들에게 필요한 제품을 고안하고 개발해서 더 나은 세상을 만드는 데 힘을 보태고 싶어요."

"역시 멋지구나!"

나는 더 나은 세상을 만들기를 꿈꾸는 정우가 참으로 기특했다. 정우는 그렇게 고등학교 진학과 동시에 공대 입시에 맞춰서 공부하기 시작했고 지금은 한양대학교 공대에 재학 중이다. 또한 자신이 잘할 수 있는 길을 택해 스타트업과 같은 다양한 아이디어로 이런저런 창업을 준비하고 있다고 들었다.

우리 사회나 주변에서 이렇게 창업을 꿈꾸며 더 나은 세상을 만들겠다고 도전하게 하는 사람들이 많아져야 한다는 생각을 해본다. 그 똑똑한 두뇌로 자기 자신의 부귀만을 위한 도전에 그친다면 너무도 큰 손실 아니겠는가?

이다음 정우가 부모님의 뜻대로 의대에 안 가고 공대에 간 것을 후회할까? 나도 잘 모르겠다. 그래서 나는 정우가 후회하지 않도록 끝까지 응원하고 지지할 것이다. 행여 실패를 거듭해도 다시 벌떡 일어서서 재도전을 할 수 있게 도울 것이다.

수학 학원에서 서로 평생지기가 된
중3 시절의 김진(왼쪽)과 고2 시절의 이정우(오른쪽)

대한민국의 스티브 잡스 같은 이정우가 탄생하기를 바란다.

YES, NO 알고리즘

수학적 사고력으로 문제 해결을 한다는 것은 무엇일까? 일의 순서를 아는 것일까? 쉽게 해결을 잘한다는 것일까?

어떤 문제에 부딪칠 때 다양한 방법으로 일의 우선순위를 생각하며 알고리즘을 통해 그것을 끝까지 극복해 이겨내는 방법이 수학적 사고로 해결하는 방법이라고 생각한다.

나는 무슨 일을 할 때 종이 한 장에 마인드맵으로 그려놓고 YES, NO를 체크해가면서 일하곤 한다. 일의 순서를 먼저 파악하는 것이다. 이런 방식이 습관화가 되어 있다 보니 알고리즘 형태를 그린 종이 한 장을 일단 머리에 입력해놓고 시작하는 편이다. 이렇게 전체 그림을 그려놓고 순서를 적으면서 일하는 방식 덕분에 나는 주위 사람들로부터 순식간에 많은 일들을 정확하게 완결해낸다는 평을 받곤 한다. 또 이런 방식으로 하면 덜렁거리는 성격에 비해 일이 엉키는 경우도 그다지 많지 않다.

독서실을 위한 알고리즘

대학생 때 일이었다. 청와대 근처 효자동에 살았는데, 당시 그 근처에는 보안상의 이유로 4층 이상의 높은 건물이 별로 없었다. 청와대가 내려다보이면 안 되기 때문이다.

당시 효자동에는 경복 고등학교나 이제는 이사를 간 진명여고등 학교가 많은 데 비해 학생들이 공부할 수 있는 독서실은 없었다. 동생들과 함께 학업을 하고 있는 나로서는 조금 아쉬웠다. 그래서 독서실을 창업해보기로 마음먹었다. 돈도 벌고 동생들과 공부도 할 수 있고 1석 2조가 아니던가?

먼저 건물을 물색하니 청와대 바로 근처인 4층짜리 건물이 있었고 나는 2층을 맘에 두고 독서실 허가를 받기 위한 독서실 창업 공부를 먼저 하였다. 중부교육청 관할인지라 이번에는 담당자를 만나러 가서 상의했더니 일언지하에 거절을 하는 것이 아닌가?

이유는 간단했다. 바로 이쪽 지역은 청와대 민원실에서 허락을 함께해야 할뿐더러, 각종 시위가 일상화되어 있던 시절이라 대학생의 신분으로는 도저히 힘들다는 것이었다. 특히, 그 당시는 5공화국 말이라 그 근처는 살벌하기 짝이 없는 시절이기도 했다. 포기하자니 마음먹으면 어찌하든지 한번 해보는 나의 기질과 동생들을 책임지고 살아가야 했기에 돈도 벌고 싶었다. 약간의 자금도 모아 놨기에 중부교육청의 담당자를 몇 번이고 찾아가 방법을 가르쳐달라고 조르기 시작했다.

포기를 하지 않을 것 같아서인지 약간의 뇌물(?) 공세를 해서인지는 몰라도 담당자가 나더러 청와대 민원실에 갔다오라고 했다.

그래서 갔더니 담당자가 물었다.

"왜 굳이 독서실을 오픈하려고 합니까?"

"저도 공부를 계속해야 되지만 동생들도 함께 공부하기를 원하는데 돈도 벌면서 공부도 할 수 있는 곳이 독서실이라고 생각해서입니다. 그리고 공부를 할 수 있는 곳은 좀 더 많이 생겨야 하질 않겠습니까?"

나는 YES , NO 표를 그려가면서 안 되는 이유에 대한 해결책들을 제시했다. 그 뒤 어느 날 다시 민원실로 들어오라는 호출을 받고 가게 되었다.

"2층이니까 그나마 허가를 해주겠습니다. 단지 두 가지 약속을 해주십시오. 한 가지는 청와대가 있는 쪽의 모든 창문은 다 가리십시오. 다른 한 가지는, 그 어떤 불상사가 있을 시엔 책임을 지고 처벌받는 것을 감수하겠다는 각서를 쓰는 것입니다."

이렇게 각서까지 써서 어렵게 허가를 내 오픈한 독서실이 바로 효자동의 '신청운독서실'이었다. 근처에 독서실이 없었던 관계로 조금 비쌌지만 오픈하자마자 다 차서 몇 년간 동생들의 학비를 벌

수 있었고 나는 대학생 독서실 전문가가 되었다.

문제는 해결하라고 있는 것이라고 한다. 처음 일을 시작할 때 일의 순서나 문제점들을 나열해놓은 뒤 YES, NO의 순서도로 그려놓고 하나하나 해결해나가는 습관이, 바로 내가 하는 수학으로 문제를 해결하는 방식이다.

에필로그

그동안 저희를 믿고 차량 진입도 힘든 부암동 귀퉁이의 작은 학원에 자녀분을 보내주신 학부형님들과 지금도 마치 마음의 고향처럼 간간히 찾아오는 정인의 제자들께 감사드립니다.

얄팍한 저의 지식과 짧은 경험으로 이 책을 쓰면서, 각계각층에서 아이들을 위해 애쓰시는 교육 관계자님이 많다는 것을 새삼 느낄 수 있었던 시간이었습니다. 그분들께도 송구하고 감사하다는 말씀을 올립니다.

AI 시대가 다가오고 있는 지금, 제가 아이들과 같이 공부하면서 경험한 일들이 단 하나의 정답은 아닐지도 모릅니다. 그래도 이 체험들이 일정 부분 교실을 흔들어주며 아이들에게 수학이 사실은 매우 즐겁고 재미있는 것이라는 사실을 알게 했다는 사실만큼은 변하지 않는다고 생각합니다. 우리 아이들이 수학을 신나고 흥미있는 것으로 받아들여 예전보다 훨씬 수학과 친해지고 수학을 잘하게 된, 저의 자그마한 경험 일부분만 봐주시면 감사하겠습니다.

조영석 대표님이 진솔하게 코치해준 덕분에 글을 용감하게 쓸 수 있었습니다.

지난 10여 년 변함없이 미래 교육에 대해 고민하고 토론하며 늘 지지해주시고 이제는 함께 책을 낸 창의공간 이은정 대표님께 감사드리며 또 옆에서 글 수정을 도와준 이승희 실장과 막둥이 딸 이현경이 없었다면 이 책은 불가능했을 겁니다. 모두 모두 감사하고 귀한 일입니다.

그리고 암투병 5년의 부재 기간 동안 언제나 정인을 위해 묵묵히 애써주신 정인의 선생님들께도 마음 깊이 감사드립니다.

나를 깊이 만나주셨고 언제나 나를 살려내시고 나를 숨 쉬게 하시는 우리 하나님께 감사드리며 모든 영광을 올려드립니다.

황정인

수학은 단순히 대학 입학을 위한 점수를 올려야 하는 단순한 과목이 아닙니다. 수학은 세상을 이해할 수 있는 눈을 주는 도구입니다. 수학은 4차 산업 시대의 기초 학문입니다.

4차 산업 시대 인재의 조건은 수학적·알고리즘적 사고를 기초로 다양한 분야를 융합할 수 있는 능력과 타인과 더불어 시너지를 낼 수 있는 인재입니다.

정인수학 황정인 원장님의 수학 교수법은 우리의 미래인 아이들에게 산업의 기초인 수학을 게임으로 배우게 하는 것입니다. 수학적 알고리즘을 재미있게 배우고 친구와 선의의 경쟁을 통해 상호 신뢰하는 인성을 가지는 것입니다.

제가 몸담고 있는 창의공간은 '첨단은 자연으로부터'라는 기본 철학을 바탕으로 인문학적 스토리텔링 기반의 로봇공학, 생명공학, 뇌과학, 인공지능 등 과학기술을 융합하여 새로운 융합 콘텐츠를 로보틱 아트, 미디어아트 등으로 시각화하는 예술 융합 솔루션을 제공하는 기업입니다.

이 책은 황정인 원장님의 '친구와 더불어 재미있게 배우는 수학 교수법'과 제가 해온 다양한 첨단과학과 공학의 융합적 솔루션을 예술적으로 기획·개발·서비스해온 노하우를 접목한 작업 중 하나입니다. 즉, 우리 아이들이 인성을 바탕으로 수학적 알고리즘의 사고를 기반 삼아 다양한 분야의 융합을 동료와 함께할 수 있도록 시도한 노력의 일환이라 할 수 있습니다.

황 원장님과 저는 우리의 미래인 아이들이 현재를 행복하게 즐기면서 자신의 미래를 충실하게 설계할 수 있는 장을 마련하기를 바라는 마음에서 이 책을 썼습니다.

마지막으로 이 책을 쓸 수 있도록 도와주신 황정인 원장님, 조영석 대표님, 창의공간 식구들, 지금의 나를 존재하게 하는 가족들에게 감사합니다.

그리고 지금의 저를 만들어주시고 이끌어주시는 하나님께 감사드립니다.

이은정